ランニング革命

もっと速く、長く、
ずっと怪我なく
走るための方法

ニコラス・ロマノフ／カート・ブランガート 著
露久保由美子 訳

KANZEN

ランニング革命

もっと速く、長く、ずっと怪我なく走るための方法

ニコラス・ロマノフ／カート・ブランガート 著
露久保由美子 訳

KANZEN

はじめに――世界最高のランナーのように走るには

ウサイン・ボルトは、２００９年の世界陸上ベルリン大会で１００メートル９秒58の世界新記録を出した。そのときのデータを見てみよう。歩数は41。接地時間は3秒20。滞空時間は6秒38。走るとは、飛ぶことだ。

視聴数１３００万回を超えるユーチューブでその様子を観ると、驚嘆の念が込み上げてくる。まるで、アーティストのすばらしいパフォーマンスを見ているようだ。人間があれほど速く、地球上でこれまで走ってきた誰よりも速く走るのを見ると、体の奥深くが刺激され、私たちの運動能力にはまだ可能性があるのではないか、心と体の関係にはまだ理解しきれていないところがあるのではないかと思えて、限界という概念が吹き飛んでしまう。

ボルトは、フィニッシュラインを越えても止まろうとしない。減速してもそのまま走りつづけ、トラックを流していく。そのあいだも、あなたはボルトから目を離せないだろう。もしかしたらそれは、彼の動きのなかに美と効率が渾然一体となっているからかもしれない。あるいは、コーチの目で見つめながら、一瞬にして何か特別な秘密が明らかになるのではないかと期待しているのかもしれない――そうか、これでわかった。彼が翼のように腕を広げているのは、飛んでいたからなんだ、と。

本人が知っているかどうかはともかく、**ボルトは本書で紹介する「ポーズ・メソッド」を体**

現している。バッハやモーツァルトやベートーヴェンが音楽の天才であるように、彼はスポーツの天才だ。自然が描いた青写真どおりに走った。**彼の走りの技術を分析すれば、自然が、私たちに最適な走りをどのように設計したかが見えてくる。本書で学ぶテクニックは、世界屈指のランナーの走りを観察して発見したものだ**（それについては第1章以降で見ていこう）。

「ポーズ・メソッド」を体現するランナーはほかにもいる。１９９６年のアトランタ五輪では、マイケル・ジョンソンが２００メートルと４００メートルを制した走りで世界に衝撃を与えたが、そのときテレビ解説者やスポーツ記者は、彼のちょこちょことした小さな歩幅と直立したランニングフォームに何度となく言及している。動画を再生すれば、ジョンソンの走法がライバルたちとまったく異なることは明らかだ。ほかのランナーはもっと歩幅が広く、上体を前傾させている。コメンテーターたちはその違いには触れたものの、きちんと分析できているとは思えなかった。

一方、対極の距離でやはり五輪金メダルを獲得し、５０００メートルと1万メートルの元世界記録保持者でもあるハイレ・ゲブレセラシエは、自身のテクニックがどのように形成されたかを雑誌『ランニング・タイムズ』で次のように語っている。「14歳か15歳のとき、僕を応援しようと兄がランニングシューズをくれたのを憶えています。でも僕はそれを捨ててしまった。はだしで走るのに慣れていたし、シューズが重すぎたから」。自然の青写真を理解するには、シューズを履かずに走るのが最良の方法のひとつだ。ここで興味深いのは、このふたりのランナー、おそらく史上最も偉大な短距離走者と長距離走者であるふたりが、ほぼ同じテクニックを使っていることだ。

ジョンソンは、足裏の母指球から小指球にかけてふくらんだ部分（指球部）で着地する。そして五輪の観衆を魅了したあの小刻みな歩幅は、脚の回転（支持脚の交替）が素早いことを示している。五輪の２００メートルで19秒32という驚異的なタイムを導いた、史上最も優れた走りの原動力だ。ただし、ジョンソンやゲブレセラシエに「ポーズ・メソッドを取り入れているんですね」と言っても、ふたりにはなんのことだかさっぱりわからないだろう。

さて、読者の皆さんはこう思っているのではないだろうか。この話がいったい自分になんの関係がある？　世界記録でも出させてくれるのか？　もしあなたが健康と体力づくりのために走り、たまにレースに出るのであれば、答えは「ノー」だ。とはいえ、本書のレッスンとプログラムをひととおりやり切れば、ランニング技術が向上し、怪我のリスクが減って、自己ベストを出す助けになる。そしてもしあなたが世界的なランナーなら、答えは「イエス」だ。本書が世界記録樹立の助けになるかもしれない。本書で紹介する技術は全力疾走からスロージョグまで、あらゆるスピードに共通している。エリートランナーであれ、市民ランナーであれ、本書のプログラムに従えば次のことが約束される。

・走りが効率的になる
・速くなる
・最適なフォームを維持したまま、長い距離を走れるようになる

・怪我のリスクが減る

走りに適した体の設計

以前は、走り方は人それぞれで、テクニックには正しいも間違っているもないというのが、プロ・アマ問わず一致した意見だった。その意見に戦いを挑もうものなら、批判の集中砲火を浴びただろう。

だが、**本書『ランニング革命』で宣言するのは、誰にでも共通の、原型となるようなランニングフォームがあるということだ。**自然は私たちに設計図を与える。その設計図がほとんど顧みられずにきたのは、世の中のランナーにとってはなんとも不幸な話だ。その結果、毎年ランナーの3分の2が怪我をしている。これはほかのスポーツでは受け入れられない数字だ。

トルストイの小説『アンナ・カレーニナ』の冒頭に、「幸福な家族はみな同じに見える。だが不幸な家族にはそれぞれの不幸の形がある」と書かれている。ランニングにも同じことが言える。幸福なランナーはみな同じだが（普遍的な基準を守っている）、不幸なランナーにはそれぞれに不幸の形がある（それぞれがさまざまな形で基準から逸脱している）。まあ、話をトルストイに持ち込んだのはこじつけとも言えるが、言いたいことはわかってもらえたはずだ。本書の核であるポーズ・メソッドで、人が本来持っている走りの普遍的な基準に再び目を向けてもらえると思う。

つまり、最新の研究に裏打ちされた本書は、「普遍的で正しい、ただひとつの走り方はあるか?」という問いへの具体的で実用的な回答だ。私たちが走るために生まれたかどうかについての論文ではない。その問いには、クリストファー・マクドゥーガルがベストセラー『BORN TO RUN 走るために生まれた』(NHK出版)で一般読者向けに答えている。本書『ランニング革命』は、ランニングの生理学や心血管系の強化、目標心拍数の維持、距離とタイムに基づくトレーニングのメニューづくりについて書かれたものではない。ダイエットの本でもないし、ランナーのためのヨガ、ランナーのためのピラティス、ランナーのためのウエイトトレーニングの本でもない。その手の本なら、あちこちにあふれている。

ちまたにあふれていないのは、実際に走り方を教える本だ。それが本書のテーマである。**本書では、ランニングの技術、最適な生体力学、フォームを改善するためのスキルと練習について取り上げる。**まさにそれだけだ。あなたの技術が最悪だとしたら(失礼!)、スピードや持久力、効率、ランニングエコノミーの向上といった核心の問題は解決しない。ランニングが、そしてランニングについての考え方が急激に変化しているのは、もはや明らかな事実だ。パラダイムシフトの段階はもう終わっている。新たなルールは、これまでかかとで着地するように指導されたり、ランニング技術は人それぞれだと教えられたりしたぶん、慣れないものかもしれない。ここにきて主流のランナーたちは、私が40年近くも前に提起した問題について、さまざまな疑問を口にしている。かかとからの着地は間違った走り方なのか?——「イエス」。フォアフット(前足部)着地にするべきなのか?——「イエス」。ベアフット(はだし)で走ったほうがいいのか？――「そうとも限らない」

本書が迷路の案内役を務め、混乱を切り抜ける助けとなるはずだ。

ランニングはスキル

何かをスキルとみなすには、それをする正しいやり方と間違ったやり方、基準と基準外があると考える必要がある。正しいやり方（基準）は、教えたり磨いたりできる。これまでランニングのフォームは人それぞれに独特なものだと考えられていたため、エリートアスリート以外には細かな指導は行われずにきた。私たちが持って生まれた本来の走り方でありながら、なぜいま、それが人から教えてもらわなければならないスキルになったのかと、あなたは不思議に思っているかもしれない。早い話が、かかと着地や痩せた筋肉、乏しい足裏の感覚フィードバックなど、技術や何かがお粗末でも走れているのは、それを補う機能的なシューズがあるからにすぎない。あまりに長いあいだ、間違った走り方をしてきてしまったせいで、自然の意図した走りはもはや当たり前ではなくなっている。私たちは走り方を学び直さなければならない。

ランニングは競技

あなたはアスリートだ。アスリートのように扱われ、模範的なアスリートのような行動が求められる。したがってあなたは——

・自分の立てた計画どおりにすべてのレッスンを実行する
・レッスンの要素すべてに集中し、やり遂げる
・行き詰まったときやすぐに結果が出ないときにも、根気強く前向きな姿勢でいる

本書は、半年間の講義のような構成で書かれている。10単元を中心としたワークブック形式で、各単元にはそれぞれ1週間ほど（あるいは、新しい概念を自分のものにしてそれを実行するための筋力がつくまで）があてられている。走り方を習得するのは段階的なプロセスなので、これまでの効率の悪いパターンに代わって、その概念や新たな動き方が体に定着するまでには時間がかかる。

新しい走法を理解するには、複雑なレシピに挑戦するように本書に向かうのがいちばんだ。全体を把握するために、まずひととおり読んで、レッスン1から始めて順番どおりプログラムに従っていこう。レッスンに盛り込まれる情報は、前のレッスンを受けながら段階的に追加されていく。完璧にこだわりすぎずに次のレッスンに進もう。プログラム全体を通して重要なテクニックは再度振り返り、それまでのレッスンの原則が守られているかを確認していくことになる。

ポーズ・メソッドの公式サイト（www.posemethod.com）からは、世界各地に広がるポー

ズ・メソッドのクリニックやランニンググループ、認定コーチのネットワークにアクセスできる。**いちばん大切なのは、自分がいま、もっと速く、長く、力強く走るための道を進んでいるのだと忘れずにいること。**そうすれば、最大の見返りとして、生涯にわたって楽しく怪我をせずに走ることができるはずだ。

ランニング革命——もっと速く、長く、ずっと怪我なく走るための方法

目次

はじめに …… 2
ポイントとなる体の部位 …… 12
本書のトレーニングの進め方 …… 14

第1章 ポーズへの準備

私のランニングとの歩み …… 16
知覚システム …… 28
ランニング日誌 …… 37
正しいシューズを選んで履く、あるいは何も履かない …… 51
デジタルキャプチャ …… 56
動くための準備 …… 62
筋力トレーニング …… 97

第2章 10レッスン

レッスンに入る前に …… 104
レッスン1：足 …… 110
レッスン2：ランニング・ポーズ …… 121
レッスン3：フォール …… 131
レッスン4：プル …… 144
レッスン5：フレームをつなぎ合わせる …… 151
レッスン6：アキレス腱 …… 159
レッスン7：ポーズのフレーム再び …… 168
レッスン8：フォールのフレーム再び …… 176
レッスン9：プルのフレーム再び …… 188
レッスン10：すべてを再度組み立てる …… 196
卒業：いまを楽しむ …… 203

第3章 ランニングサーキット

ランニングサーキットに入る前に……208
自分のコーチになる……209
ランニングサーキット……232
さまざまなサーフェスを走る……255
一般的なランニング損傷……263

第4章 限界まで挑む

大きなサル、小さなサル……272
目的別トレーニングプログラム……278
生涯走る……286

付録

ポイント早見一覧……288
アメリカ陸軍のタイム予測……290
走り方の分析……292
ランニングの6点分析……294
用語集……296

ポイントとなる体の部位（前面、足裏）

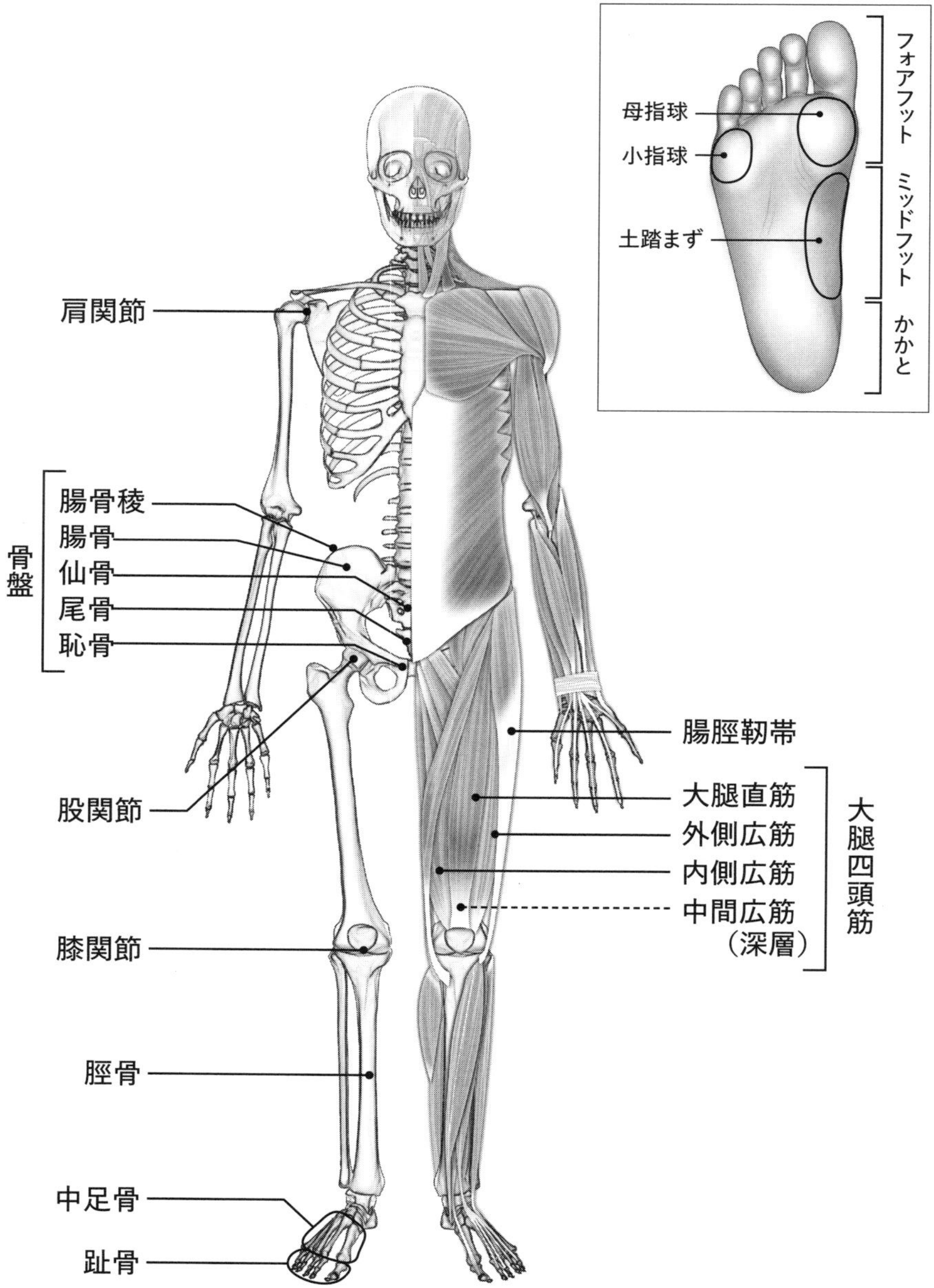

ポイントとなる体の部位（背面）

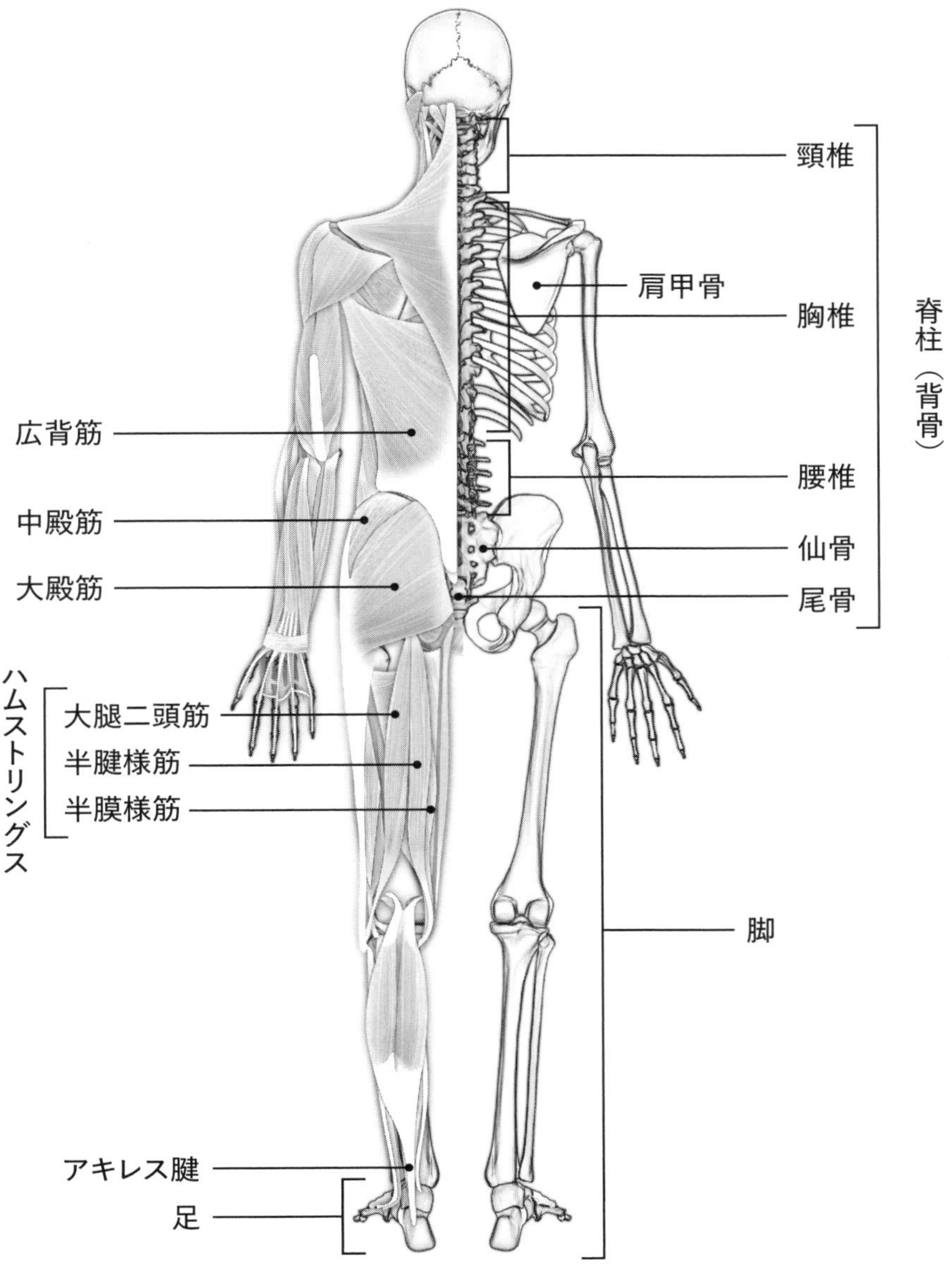

本書のトレーニングの進め方

		目安となる期間
1	**全体を把握するために全章をひととおり読む。**	
2	**第1章 ポーズへの準備 の実践** 弾力姿勢の練習、ランニング日誌の記入、シューズの購入、ビデオ撮影を行う。 基本となる準備運動と筋力トレーニングをひととおりやってみる。	
3	**第2章 10レッスン の実践** 各レッスンは理論パートと実践パート（準備運動、ワークアウト）で構成される。 詳しくはP106参照。	4週間〜
4	**第3章 ランニングサーキット の実践** ビデオ分析と補正エクササイズを習得し、ランニングサーキット（ドリルとランニングインターバル）を含むワークアウトを行う。 詳しくはP239〜241参照。	9週間〜
5	**第4章 目的別トレーニングプログラム の実践** 5km・10kmレース、ハーフマラソン、マラソンといった目的に合わせ、トレーニングプログラム（準備運動、ジョギング・ランニング、筋力トレーニング）を行う。 詳しくはP284〜285参照。	4〜16週間

第1章

ポーズへの準備

Preparing for the Pose

私のランニングとの歩み

ロシアからアメリカへの道のり

まずは私の経歴とともに、「ポーズ・メソッド」に行き着いた経緯を明かしておこう。

私の危機は、1977年10月のあるひんやりとした雨の日に始まった。モスクワから600キロほど離れたチェボクサリの市内にある勤務先、教育大学のスポーツトレーニング施設から家に帰るときのことだ。この大学は旧ソ連最高のアスレチックマシンを構成する重要な歯車のひとつだった。輩出するアスリートの多くが次々とオリンピックでメダルを獲得し、世界記録を打ち立て、錚々たるチームを指揮していた。

その日、雲が低く垂れた陰鬱な天候と同じで、私の気分はどんよりと沈んでいた。当時、私は教育大学で陸上競技の指導者をしていた。「教育大学」などという名称は、まるで正式な名前をつけ忘れたかのように奇妙に聞こえるかもしれない。旧ソ連では、国営機関の名前はすべて、ハーヴァード大学やテキサス大学のような関係者や所在地ではなく、機能を表していた。教育大学は言うなればコロンビア大学教員養成学部のようなものだが、未来のコーチや体育教師、エリートアスリートを育成することを専門としていた。

私はその教育大学を少し前に卒業し、博士課程で学びながら陸上競技のコーチをしていた。若き科学者でありコーチの私にとって、未来は明るいものに思えた。ところがその朝、ランニングの講義からの帰り道、気分は沈んでいた。懸命な努力の甲斐もなく、自分が無能に思えたからだ。

大学は数々の成果をあげていたし、一流の教授陣による重要な科学研究がいくつもあり、私自身、２年間学生を指導したり大学院で学んだりしてきた。にもかかわらず、やっていることに矛盾を感じていた。かつてないほどの情報と知識は身につけていた。競技アスリートからコーチ兼科学者に転向し、十分な教育を受けて経験も積んできた。それなのに、ランニングのような一見すると単純な運動を学生に指導する能力もないことに気づいたのだ。

私ができの悪い学生だったということではない。それどころか、大学は首席で卒業した。そして、そのころ科学や教育の現場で蓄積されたランニング関連の事柄はほぼすべて学んでいた。だが、いちばん求めていたもの——**科学的根拠のあるランニング技術の指導法**——は、当時の理論や現場には存在しなかった。そこに存在したのは、ランニング技術と指導法に関する互いにほぼ矛盾した考え方だった。

一般的には、走ることは人間にとって第二の天性であり、走りのスタイルは各人にあらかじめ決まったもの、基本的には生まれた時点で体格によって決まるものなので、走りは教えるべきではない、あるいは教えることができないとされていた。その一方で、適切な走法は短距離か中距離かマラソンかで変わってくるので、それぞれのケースで異なる指導法が求められるとする説もあった。資格を持ったコーチや指導者のほとんどは、ある一点で同じ意見だった。それは、ランニングは単純な運動であり、ハードなトレーニングと優れた遺伝子構造が結びついた者が最高のランナーである、ということだ。

この論法に従って、彼らはジャンプやハードル、投擲《とうてき》のようなほかの陸上競技、さらにはバレエ、空手、レスリングなど技術が何よりものをいうほかの運動とは違って、ランニングは具体的な技術をさして気にかける必要がないと感じていた。

そんな暗闇のなかで私は、自分が基本的にランニングというものを、生体力学的にも心理学的にもわかっていないことに気づいた。だから大学の学生（将来のコーチや体育教師）にもアスリートにも教えることができなかったのだ。無力感を覚えると同時に、挑戦を受けたような気がした。

その日、家路につきながら、生涯をかけて探求することを固く決意した。ランニングの生体力学の謎を解き明かし、最良の指導法を見つけてみせよう、と。

私は科学の学徒として仕事に取りかかった。世界最高峰のランナーの映像を観察することに数えきれない時間を費やした。分析のため、彼らが走る映像のスライドを一枚一枚見つめた。そうして次第に気づいたのは、技術の違いではなく、驚くべき共通点だった。もちろん、スタイルの違いはあったが、一流のランナーは基本的にみな同じことをしていた。すぐにある考えが浮かんだ。すべての動きには、それを特徴づける姿勢があるはずだ。

調査を続けるうちに、すべてのランナーの走りに3つの共通した要素を見つけた。全員、走りのダイナミックな動きのなかで、私が「ポーズ」と呼ぶようになった重要な段階を経ていた。これを私はいま**「ポーズ（構え）」「フォール（前傾）」「プル（支持足の引き上げ）」**と呼んでいる。驚いたことに平均的なランナーは……というより誰もが、この３つの要素を繰り返しているのだ。未熟なランナーではわかりにくいが、あまり効率的でないだけで、やはり彼らも一流のランナーと同じことをしていた。

この鍵となる要素の役割はまだわからなかったものの、その３つが朝のジョギングから短距離走やウルトラマラソンまで、あらゆるタイプの走りに存在することはわかった。先ほども触れたが、優れたランナーはこの重要な要素をとても効率よくこなしていた。それどころか、美しく、優雅に、楽々とこなしているようにさえ思えた。未熟なランナーは、３つの要素間の移行がひどく不格好なこともあった。重たくて、無駄な動きが多く、筋肉が過剰に働いているのがわかった。優れた走者になるには、ポーズからフォールに、フォールからプルに、そしてまたポーズへと戻る、簡潔で正確な動作を習得することが必要なのだ。

その後、私は時代を古代ギリシアに遡って考えていった。プラトンの理想形についての理論（イデア論）には昔から魅力を感じていた。走りに理想のフォームがあるのかもしれないと思えて心強かった。

ニュートンの運動の法則より２０００年近くも前、アリストテレスが早々と行った自然科学と物理学への試みには感銘を受けた。アリストテレスは、運動を引き起こすものと静止しているものはイコールでなければならないと語った。これを走ることに当てはめれば、支持基底面

■ランニングの3つの基本要素

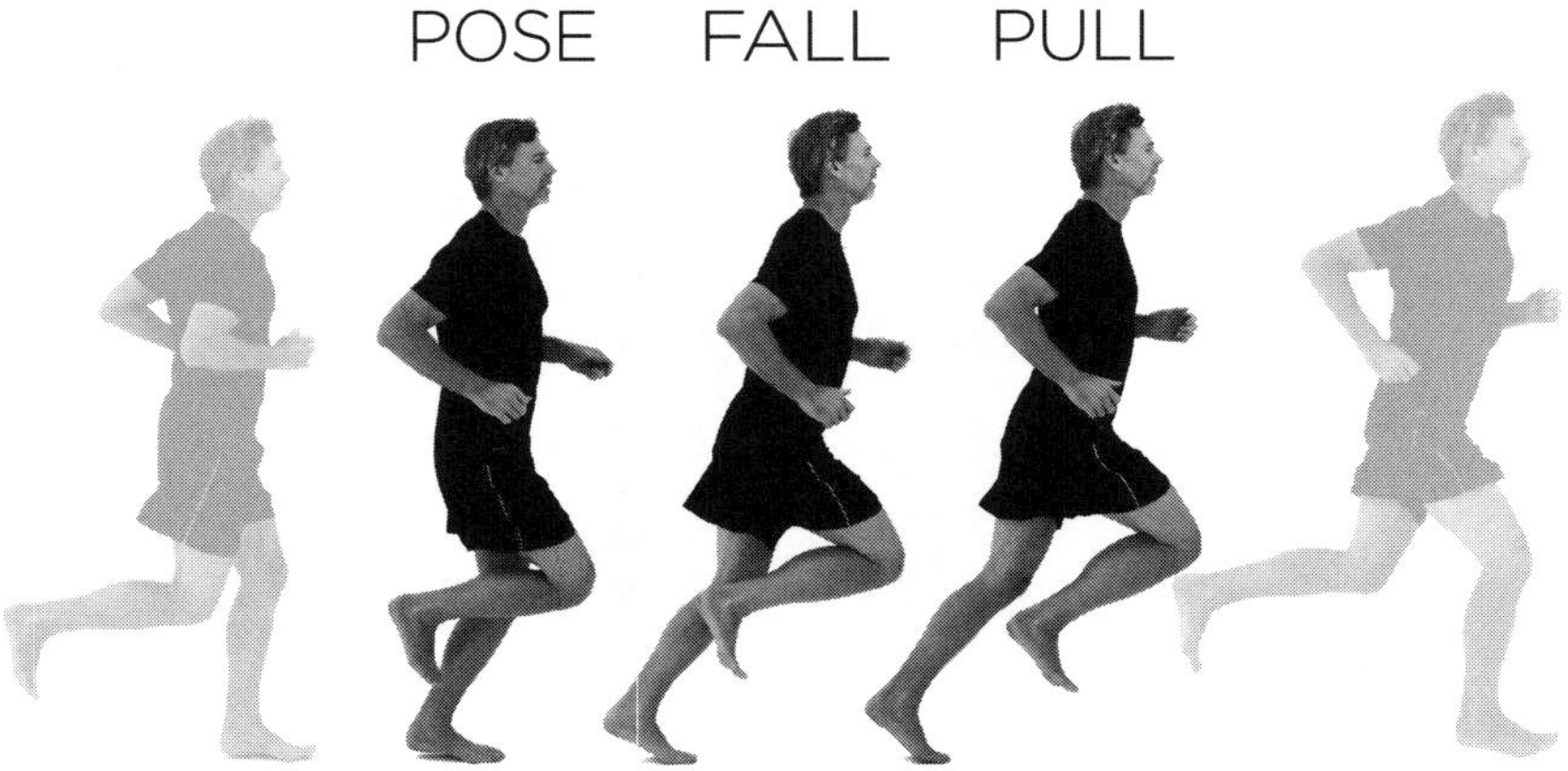

ポーズ
（構え）

フォール
（前傾）

プル
（支持足の引き上げ）

がなければ人は前には進めないことになる。これがのちのニュートンの偉大な発見につながった。

また、古代ギリシアの工芸作品も見過ごせなかった。壺に描かれた走者の絵は、単なる芸術上の空想には留まらない。壺の絵はきっと、古代ギリシア人の走り方を正確に描写しているはずだ。その絵は、全力疾走からジョグまで、走る速度をさまざまに描き出している。しかも、短距離走か長距離走かにかかわらず、ランニングフォームの共通点も示している。私は壺に描かれた走るアスリートの動作を見て、古代ギリシア人が最適なランニング技術の重要な要素を見てとったのだと確信した。壺の絵は、すべての走者がフォアフット（前足部）に体重をかけて着地することを示している。

ルネッサンス期の偉大な思想家まで時代を下ると、レオナルド・ダ・ヴィンチに行き当たった。彼はその業績のほとんどがそうだったように、人の動きを理解することにかけても時代の先を行き過ぎていた。たとえば、人の動きを弟子たちがキャンバスに正確に描けるように研究を行っているが、それによって、人は向かっている方向に必ず体重を投げ出す――速く走れば走るほど、進行方向に体を大きく傾けながらバランス軸の後方よりも前方に体重を多くかける――と主張するに至った。

レオナルド・ダ・ヴィンチの観察は、私が走りの重要要素のひとつと考えているもの、つまりフォール（前傾）の段階に向けられている。**ランニングとは、体を前傾させることで重力の影響を利用することだ。**

私はさらに、ルネッサンスから啓蒙主義とアイザック・ニュートンに移った。人の動作も含めたすべての運動を形成する力を究極的に明らかにしたのは、ニュートンの万有引力の法則と運動の法則だ。ここから私は、ランニングを牽引する力として重力の影響に注目するようになった。それから何年も経って、同僚のグレアム・フレッチャー博士から、スコットランドの登山家で生理学者でもあるトーマス・グレアム＝ブラウン（1882〜1965年）の論文について知らされた。ブラウンはニュートンの理論を人間活動の研究に応用し、人が地表を走るとき、重心は重力の影響を受けて前方下方向に傾けられると主張し、ランナーの体が重力によって得る勢いが体を前進させると理論づけた。

ポーズ・メソッドと私の研究については誤解が多いので、ここで重要な指摘をしておきたい。まず、**私が発見したランニング・ポーズと前傾角度、足の引き上げ動作は私の個人的な「意見」ではない。最適なランニングフォームに関する「観察記述」と「概念記述」であり、これはいまや科学界の一部になっている。**この成果によって私は、走るために体がどのように設計されているかを説明できた。3つの重要な要素と重力が走り方に及ぼす影響は、私の科学者としての研究テーマだ。

また、私は新しい走り方を考案したわけではない。「ポーズ・メソッド」は、走るために人間の体がどのように設計されているかを説明しているにすぎない。ランニングについて、「オーバーストライドになるな」「歩幅を小さく」「前傾姿勢で」など、一見すると脈絡のないヒントを耳にしたことがあるなら、それはポーズ・メソッドと私の研究に影響を受けた可能性が高い。

さらに言えば、世界クラスのランナーがひとり残らず自然の青写真と完璧に一致した動きをしているとは言えない。ベストな走りは自然の青写真どおりの基準に近いこと。それが理想であり、プラトンのイデアのようなものだ。偉大なランナーのなかには、遺伝的に恵まれ、そのおかげで基準からはだいぶ外れていても勝てる者もいる。だが、ランニングの指導と練習、そして効果的な筋力トレーニング法があれば、彼らを基準に近づけ、さらに向上させることもできるはずだ。

最後に、ポーズ・メソッドを習得したからといって、ランナーが次々と〝ポーズ・マシン〟のクローンになるわけではない。ランニングフォームを名人級に習得しても、それぞれの体形や心理状態にふさわしい特徴は残る。車のスタイルはさまざまでも、構造が似ているのと同じだ。フェラーリのようにスピードの出やすい車体もあれば、馬力の出やすい車体もある。ポーズ・メソッドを習得したとしても、ハイレ・ゲブレセラシエがウサイン・ボルトになるわけではない。

さて、私が駆け出しだった１９７７年に話を戻そう。当時の私は、ソ連の一流スポーツ大学の若き「やり手コーチ」だった。70年代といえば、ソ連がスポーツ科学の黄金期を謳歌していた時代であり、私も歴史に足跡を残したいと思っていた。大きな啓示は得た。ランニングの要素も理解している。いまこそ、学生たちと向き合ううえで解決すべき根本的問題に真っ向から立ち向かわなければならない。走りを教えるには何が最良の方法なのか？

私が指導者として開眼したのは、陸上競技以外のアスリートの練習を数多く観察したことがきっかけだった。武道家、レスリング選手、バレリーナ。なかでもバレエは、その技術と伝統を有するソ連に暮らしていたおかげで研究しやすかった。バレエダンサーの友人もいて、練習と演技の両方を見ることができた。世界屈指のバレリーナたちを観察すると、ある重大な疑問が残った。バレエの体の動きはなぜあれほど完璧なのか？　もしかしたらその答えは、いくつかの単純な運動の繰り返しに絞り込めるのではないか？　そこで突然ひらめいた。「単純」であること自体が鍵だったのだ。

私は、バレエや武道やレスリングの練習が正確なポーズの連続として行われていることに気づいた。そうしたポーズや練習によって、体の動きは完璧の域に達し、ひとつの流れに統合される。たちまちすべてが腑に落ちた。まるでパズルが完成したようだった。

だが次に、根本的な問いに直面した。ランニングに当てはまる正確なポーズと練習とは何か？　その論理的な答えは、すべてのランナーに共通する姿勢と動作だ。つまり、ランニングの映像をさんざん眺めて私が選び出した３つの要素だった。すなわち「ポーズ（構え）」「フォール（前傾）」「プル（支持足の引き上げ）」だ。

ところが私のこの結論は、科学的な裏付けがあったにもかかわらず、従来の考え方に反するとしてランニングの世界では受け入れられなかった。指導者もスポーツ科学者もランナーも、60年代にイギリスで考案されたジェフリー・ダイソンの教科書『陸上競技の力学』（大修館書店）に書かれている方法を採用していた。ダイソンは「支持」「推進」「回復」をランニングの3局面と定義した。ポーズ・メソッドは何十年ものあいだ、ランニングの世界では一般に受け入れられなかったのだ。

フォアフットを重視する私の信条は、主流から明らかに外れているとみなされた。ところが状況は一変した。

ここで時代を先に進めて、ランニングの現状を見てみよう。走りについての「自然の青写真」という考え、つまりこの数十年にわたってポーズ・メソッドが教えてきたことが、いまやトレンドになっている。関連本やニュース記事、雑誌記事が急増し、ランニングに関する数々の新ルールは臨界点に達して、私たちの考え方やシューズの選び方も変わってきている。いくつか例を見てみよう。

- ベストセラー『BORN TO RUN 走るために生まれた』と、簡素なサンダルで何十マイルも走ってシカを追い詰めるメキシコのタラウマラ族の話
- 進化生物学者でハーヴァード大学人類学教授ダン・リーバーマン博士の論文。博士の研究は、人間の土踏まずが支持とバネの両方の役割を果たすように進化し、それによって私たちが最小限の履物、もしくは、はだしで走るのに適していると説明している
- 伝説的なケニア人ランナーたち。彼らは子どものころにはだしで走ることによって、靴を履

いて育ったランナーと比べて足首が強化され、足筋が発達する
・伝説的な陸上競技コーチ、ヴィン・ラナナ。彼はベアフット（はだし）ランニングでアスリートを鍛え、スタンフォード大学とオレゴン大学でチームを何度か全国制覇に導いた
・怪我に悩まされ、その後ミニマルシューズとフォアフット着地に変えて怪我が治ったベテランランナーたちの逸話

こうした話は、ランニングに対する私たちの考え方を変えただけではない。人々の走り方を変え、市場にも変化をもたらしている。ミニマルシューズ、ベアフットランナー、最新の人類学的研究結果……そのすべてが後押しとなり、私が何十年も教えてきたポーズ・メソッドはいまやはるかに広めやすい状況になっている。

私にとってのアメリカでの最初のサクセスストーリーのひとつは、1997年のことになる。アイアンマン・ヨーロッパで5度の優勝を誇るユルゲン・ザックをトレーニングしたのだ。ユルゲンは次のように語っている。

「ニコラス・ロマノフ博士とランニングフォームの改善に取り組みました。そのセッションを受けてから、僕は膝を少しだけ曲げるようになった。歩幅が小さくなりそうですが、それは違います。脚の回転が速くなって、地面との接地時間が短くなる。彼の新しいランニングスタイルは、大腿四頭筋と背中へのストレスを減らしてくれるんです」

そのシーズン、ユルゲンはアイアンマンの42・195キロのランニングで、タイムを3時間03

分から2時間45分へと縮めることに成功した。

もちろん、いまの時代に先住民と同じ生活をするわけにはいかない。生涯にわたって靴に拘束され、多様な地形を歩くわけでもない現代文化の影響で、私たちの足は本来の強さと機能を失っている。そのため、あなたの足もフォームも未完成の状態だ。これからの数週間で、フォームの大改革に必要な基礎的スキルを磨き、知覚力、筋力、バランス力を高めていこう。

そのあいだは、外に走りに出ても長い距離は走らないこと。ただし、これまでモーションコントロール機能を備えたシューズで1日8キロを走っていたなら、ミニマルシューズに履き替えたからといって、距離を1日数百メートルには戻したくないかもしれない。それならそれで大丈夫。1日のレッスンを終えたあとは、遠慮なく昔のシューズを履いて、足りない分の距離（たとえばその日のレッスンが1キロ分の練習だったら7キロ）を走ればいい。

これから学ぶ重要なスキルのひとつに「体重知覚」がある。これは、走っているときだけでなく、歩いているとき、列に並んでいるとき、さらには座っているときでも練習できる。あとでわかるように、このスキルの中心には単純な問いがある。**体重を足の裏のどこに感じるか？**あなたがランニング初心者であれば、なおさら好都合だ。順番どおりにレッスンをこなしていけば、本書を読み終えるころには、世界のトップランナーのごとく走れるようになっているはずだ。

知覚システム

習得の鍵

ここからの数章で、新しいランニング技術のための基礎づくりをしていく。具体的には、**知覚力に磨きをかけ、観察して気づいたことを書きとめ、適切なシューズを入手し、自分の走りを撮影できるようにして、準備運動と筋力強化を習慣にする。**最初に紹介する運動は、心血管系への負担は軽いものの、第2章のランニング練習と同じく、ポーズ・メソッドの最適化運動パターンを習得するうえで不可欠なものだ。本章も含めて、各章はトレーニングセッションとして取り組めるようになっている。基本的な考え方が完全に身につくまで何度でも読み返そう。また、もしそのあいだも走行距離を維持したいなら、まずは走る前にトレーニングセッションを終わらせること。後回しにはしないようにしよう。

新しいランニングフォームで最も重要な要素は、最もとらえにくいものでもある。つまり「知覚」だ。簡単に言うと、知覚とは適応力であり、学習能力であり、入出力システムだ。感覚情報を取り込んで、脳がそれを意思決定のために分析する。ランニングに関して言えば、知覚は技術の微妙な違いに気づかせてくれるものと言える。**自分の絶対閾《ぜったいいき》（刺激に気づいて感覚が生じる段階）をもっとよく知ることが、フォームを改善するうえでとても重要になる。**

多くのランナーが、自分はフォアフット着地だと主張するが、撮影してみると、かかとで着地しているのがわかる。違いに気づいて修正できるほどには知覚が発達していないのだ。ランナーとして向上するには、まずこの違いに気づいて、いつでも技術的な修正ができるようにならなければならない。

知覚システムを理解するには、「センスデータ（感覚与件）」「気づき」「感情」の区別を知っておく必要がある。それと同時に、こうした知覚の構成要素がどう関連し、連携するかも知っておいたほうがいい。

弾力姿勢

知覚の微妙な違いを掘り下げるには、あらゆるスポーツ動作の基本姿勢を身につけるのがいちばんだ。これから紹介する「弾力姿勢」は、ただ立っているのではない。心身の活動の基礎となる。

▼**弾力姿勢**

1　靴を脱ぐ。
2　体重を指球部に移す。
3　膝がつま先の真上に来るように曲げる。
4　上体をわずかに前傾させて肩が股関節の上、股関節が指球部の上に来るようにする。このとき、指球部から股関節、肩関節、耳までを直線で結ぶことができる。
5　肘を軽く曲げ、腕は腰より上、肩より下の位置におく。
6　臀部から肩までのコアマッスルを意識して、へそを背骨に向けて引っ込め、肩甲骨を寄せる（これが「ポーズ」の核となる。あとでさらに詳しく見ていく）。
7　あごは水平にし、目線はまっすぐ前を見る。
8　レースでスタートのピストルが鳴るのを待つ要領で、いつでも動けるように頭のなかで体に合図を送る。

ふだんの姿勢と比べてみよう。いつもと比べて感覚が冴えているだろうか？　動ける準備ができているだろうか？　そうだとしたら、知覚力を探求する理想的な姿勢がとれた証拠だ。

■弾力姿勢

基本の構え。全身を広角で見ると、どの方向にも動く準備ができているのがわかる。

センスデータ（感覚与件）

センスデータには、五感（視覚、聴覚、触覚、味覚、嗅覚）がとらえられるすべての情報が含まれる。弾力姿勢を保ったまま目を閉じ、口のなかに広がる味、肌に触れる服、風の動き（風があるかないか）に注意する。指球部に体重をかけたまま、地面の感触に注意を向ける。目を開けて、目の前に見えるものを観察する。どんな匂いを感じるだろうか？

また、自己受容感覚（第六感）がいまどんなふうに働いているか、考えてみよう。ほかの感覚は体の外の情報源から情報を集めるが、自己受容感覚は体内のさまざまな情報源（体の動きや向きを伝える内耳内の感覚ニューロン、動きと安定性を維持する筋肉、靭帯、および腱の受容体）からデータを集める。脳は、動きやバランス、空間における体位について、無意識のうちに絶えずフィードバックを受けている。自己受容感覚を試すため、足を踏み出さずに済むぎりぎりまで体を前に乗り出してみる。バランスを崩したら弾力姿勢に戻り、自分のバランスの限界を体得するまで挑戦する。偉大なアスリートは、料理人が香りや味に通じているように、自己受容感覚に通じている。**この感覚に気づく力を養えば養うほど、ランニング中に体に起きていることに敏感になる。**

気づき

気づきは、五感が伝えてくるものを意識的に記録する能力にすぎない。一瞬前の感覚に気づくことは、知覚のうちの気づきの面を働かせたということ。これをさらに進めるため、再び目を閉じて耳を澄まそう。聞こえてくる音が自分の体に対してどこから発生しているかを突き止められるだろうか？　こうすることでセンスデータを取り込み、それを使って自分の身のまわりに関する結論を引き出すことになる。

だが、センスデータがすべて結論のレベルで届くわけではない。情報はあまりに密集している。サッカーの試合で誰かにボールを蹴るとき、「右足を15センチうしろに引き、地面から1センチ浮かせて前に出し、ボールに当てて、そのままフォロースルーを24センチしよう」とは考えない。意識下でセンスデータが評価されて行動に移される。ただしほとんどの人は、意識的に入手できる有益な感覚情報をすべてつかんでいるわけではない。**意識的な気づきも、ほかの意識的なスキルと同じく、練習するほど多くの情報を手に入れられるようになる。**レッスンをこなしていけば、ランニングの重要な要素に気づきが集中するようになる。

感情

感情の中心には、喜びと苦痛がある。どちらもトレーニングにおける重要なフィードバックだ。自分の感情に気づくことが、いい苦痛か悪い苦痛かを区別する助けになる。いい苦痛であれば、すばらしいトレーニングができていて、望ましい効果（たとえば心血管系や筋肉の疲労）が出ている可能性がある。悪い苦痛とは、故障から生じる激しい痛みのことであり、トレーニングを中止して治療を受けたほうがいいことを意味している。

ではここで、弾力姿勢に戻り、自分の感情に意識を向けてみよう。どこかに苦痛を感じるだろうか？　この姿勢はふだんの姿勢と比べて少しでも快適だろうか？　労力による不快感（この場合は体幹を使っているから）と、治療が必要な類の痛みとの区別はできるだろうか？

すべてをひとつにまとめる

知覚は、すべてのセンスデータ、気づき、感情に意味を与える。これは意識的・無意識的な感覚情報を脳に戻すプロセスだ。感覚からの生のデータは脳に集まり、分析され、関連性を見極められ、評価され、その後に体が行動を開始する。筋肉と同じく、知覚も訓練して鍛える必要がある。

優れたアスリートは、身体知覚の天才と言える。自分の体が空間のどこにあり、いまいる位置から次の位置に動くには体をどう調整すればいいのかを深く意識している。世界クラスのランナーになれば、ランニングのさまざまな段階で体がどう動くか、適切な順序とタイミングで筋肉をまとめてどう使うかに対する意識が高い。彼らにとって、肉体は計器だ。

このプロセスに近道はない。関連本を読んだり、コーチに技術を分析してもらったりはできても、結局は**体の微妙な変化を自分で感じとり、調整しなければならない。つまり、ランニングのプロセスによくよく意識を向けなければならない。集中を切らしてはならない。**

スポーツやフィットネスでは、スキルの習得には生体力学パターンの発達がからんでい

■知覚の構成要素

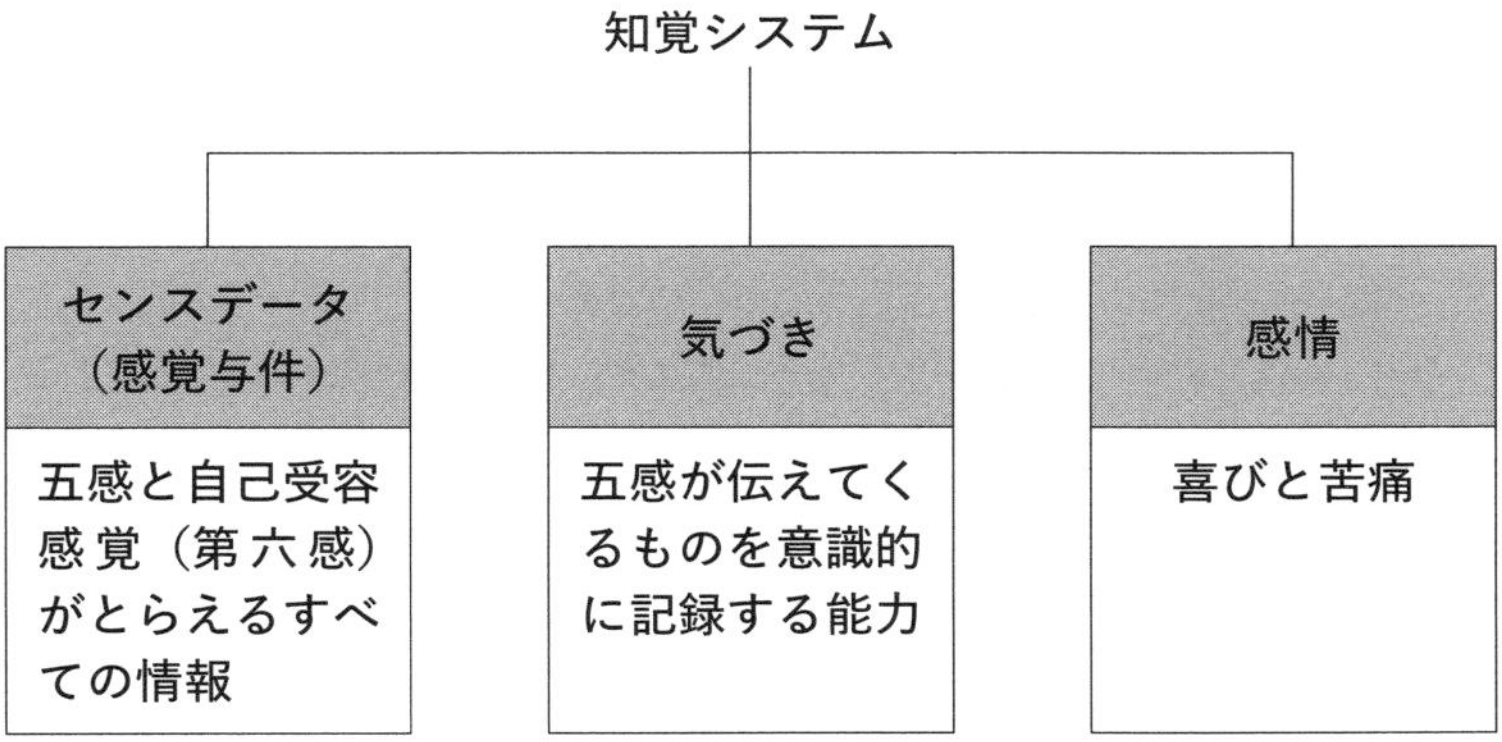

る。新しい体の使い方を身につけるとはそういうことだ。つまり**進歩するには、知覚、すなわち動きの一つひとつを区別する能力を磨く必要がある。**ランナーとしての知覚を磨くことがすべてのレッスンに欠かせない。

さて、元のシューズを履いて、いつもどおりの走行距離を維持するなら、いまできる重要な改善点がひとつある。**携帯音楽プレーヤーを家に置いていくことだ。自分の走りに耳を傾けよう。**足が地面と接触する音、接地の頻度……。ランニングに費やす距離と時間は肉体的な挑戦だと思うかもしれないが、実際には、ランナーは肉体が本当に疲労困憊の状態に達するよりも先に、心理的・精神的に疲労する。体は距離をこなせても、頭は集中して正しい技術を維持できない。私たちの多くは日常生活から逃避したり、問題をじっくり考えたり、すべてから解放される時間としてランニングを利用したがる。つまり私たちは、走るときにランニング以外の問題に精神的なエネルギーを使っている。それはそれでいくらか癒しの効果はあるかもしれないが、ランナーとしての成長にはつながらない。目的がランニングの上達にあるなら、人生について考え込むのは別の機会をつくらなければならない。意識をそらしてしまう機器に耳を傾けるのではなく、新鮮な気持ちで、集中して走りに取り組めるようにしよう。

ランニング日誌

進歩を記録する

これまでランニング日誌をつけてこなかったのなら、いまこそ始めるときだ。一方、走った距離を記録してきたなら、走行距離という定量的な評価から、技術の質的評価に関心を移すときだ。もちろん、それぞれ性格に合った日誌の書き方はあるだろう（そこが日誌のいちばん肝心なところ）。だから、高級なモレスキンのノートを使おうと、学生が愛用する一般的なノートを使おうと、メールやブログに記録しようと、それは全面的にお任せする。お気に入りの媒体はどうあれ、**ランニング日誌の目的は、ランニング技術と、新たなスキルを体得するうえでの課題や発見に集中する時間をつくることにある。**

心と体のつながり

前の項で知覚について話したとおり、心も、脚と同じように徹底的に鍛える必要がある。内からの信号がなければ、走り出しの最初の一歩は始まらない。それに、心を無視して体だけ鍛えた場合も満足のいくレベルで走れるようになるかもしれないが、心と体を一緒に鍛えなければ最大限のパフォーマンスには到達できない。心がランニングにどう関わるのかに絞って、次の3つの点について話していこう。

・メンタル（ランニング練習時の集中と知覚）
・心理（ランニングに持ち込む、生涯にわたる行動と態度）
・精神（ランニングを通じて築かれる、心と体と自然の深いつながり）

この3つすべてが本当に関与していれば、最高のパフォーマンスが発揮される。言うのは簡単だが、実践するのは難しい。

集中、自制心、意識的なコントロールという課題は、ランナーにとっての頭痛の種というだけではない。人が生きるうえでの基本要素だ。心の奥では、意識と潜在意識はたびたび食い違い、互いにチェック機能を働かせている。人間という動物に、いまでも生き残りのメカニズムが残っているからだ。肉体には危険を避けて怪我を防ぐための生まれながらの戦略が備わっている。

たとえば、長くきついランでは、最大限の努力をしていることによって、生理的・心理的・精神的疲労が体に危険信号を送る。自分から望んで始めた努力が、命にかかわること、中止すべきことだとみなされるのだ。それに対するあなたの最初の反応は、恐怖の自覚ではなく、生理的感覚だろう。実際にこの時点では、意識下ではまだ「全力で前進せよ」と信号を送りつづけている。一方で、生命の保護に熱心な潜在意識下の心は、体に逆の命令を送りはじめる。筋肉のこわばりや痛み、激しく拍動する心臓、必死のあえぎ、死を想像させるような音。この潜在意識下の心からのメッセージは明らかだ。体に「中止しろ」と言っている。

実際のところ、肉体が直面し、潜在意識下の心が誇張するその状況は、生命を脅かすものではない。潜在意識下の心は安全策をとっているのだ。とはいえ、この不本意な中止メッセージは意識下の心に痕跡を残し、何年も経つうちにやがてそれが意識的な制約になる。そうなると、意識下の心は呪縛にかかる。マラソンの４マイル（約６・５キロ）地点、あるいは心に制約として刷り込まれた地点でいつも同じように感じてしまう。毎年、同じレベルで足踏みが続くのはそのためだ。**伸び悩みの原因が肉体にあることはめったにない。たいていはメンタル面での欠点が原因だ。**こう言うと、次のような言い訳が返ってくるかもしれない。

- 自分は速くないだけ
- 自分は持久系のエリートランナーではない
- 理由があるから伸び悩んでいる。ここが自分の本当の限界だ

意識下の心と潜在意識下の心は、あらゆるレベルで相互にやりとりをしている。どちらにも、それぞれ目的がある。両者が同じ生物を通じて自分の目的を果たそうとするため、意識と潜在

意識の関係は必ずしも良好とは限らない。ランナーとして成長するには、停戦が宣言されなければならない。そして停戦が宣言されるには、**意識下の心が潜在意識下の心で起きていることを理解する必要がある。ランニング日誌は、心の平和と最適なパフォーマンスを得るための架け橋となり、鍵となるものだ。**

パーソナル・プロフィール

これまでもランニング日誌をつけてきたのなら、次の白紙のページを開こう。ノートがまだ折り目もないまっさらの状態なら、いますぐ1ページ目を（パソコンのスクリーンで作業するなら新規の白紙文書を）開こう。今日の日付の下に太字で「私のランニング・ライフ」、もしくは自分のランニング歴の見出しにしたいタイトルを書く。**この項の目的は、自分のランニング歴とランニングにおける性格タイプについて意識的に考えるようにすることにある。**初めて受診する医師の問診を受ける患者のような姿勢で臨もう。ランニングに関する最高の体験と最悪の体験、たとえば自己ベスト、最高走行距離、怪我や挫折、5年前に製造中止になったお気に入りのシューズモデル、いま履いているシューズなどを記録する。ランニングを始めたばかりの人なら、始めたばかりだと書けばいい。高校時代にラストスパートで膝をやられた4時間30分のレース以来、1キロも走っていないなら、それをここに書く。ランニングに関する不安や願望について書きたければ、これまで経験したそういう気持ちの浮き沈みを記録する時間をつでみよう。

くろう。感情について書くなんてぞっとするというなら、無理することはない。肝心なのは、自分の潜在意識下の心について気楽に結論を導き出し、目標を示して、進ませたい方向に心を方向転換させるためのきっかけをつくることだ。サンプルとして、ポーズ・メソッドの門下生であるカート・ブランガートのプロフィールを見てみよう。

▼「パーソナル・プロフィール」記入例

私のランニング・ライフ

ロマノフ博士には何度もマンツーマンで見てもらえたが、ポーズの習得には自分なりに悪戦苦闘した。私は生涯のランナーと言っていいだろう。走りはじめたのは6年生のときだ。中学では陸上競技をやり、高校では1年間クロスカントリーを走ったが、それはレスリングをするためのただの体力づくりだった。レスリング選手はほとんどが生涯ランナーだ。

長年のあいだに10キロのレースには何度か出たが、そのためのトレーニングを積んだわけではない。2、3週間、走行距離を増やしたにすぎない。走ることは昔から好きだった。自転車や水泳では同じ快感を味わったことは一度もない。自分の体と大地ががっちりつながるのが好きだった。ランをしているとき、正確にはジョグをしているときには、何もかもが高まって、一段階パワーアップした。

ランニングシューズは常に一足持っていたが、たいていはセール品を買っていた。そして優等生みたいに、ランニングについて教えられた唯一のことをした。かかと着地で、かかとからつま先につけていく、だ。ランニングは私が有酸素トレーニングと呼ぶものの重要なピースになった。

走るときは常にひとりだ。私にとってランニングは現実逃避の手段であって、社交や親睦のための手段ではなかったから。この20年、ふだんのランニング練習は決まって30分のジョグだ。最後はいくらかダッシュもするかもしれない。最大限のエネルギーシステムを働かせるためでもあるし、全速力で走るのは楽しい。それに血管の掃除になって気分もいい。車にからみついた蜘蛛の巣を、ハイウェイを飛ばして取っ払うようなものだ。

ランニング障害になったことはない。自分にたいそうな技術があるからだとは思わない。ウエイトトレーニングや縄跳びをするおかげもあるだろうし、走行距離を増やしすぎたことがないからかもしれない。ポーズの技術に惹かれたのは単純な話——走るのが好きだからだ。可能な限りいいランナーになりたかった。

自然のくれた走り方に変えたいと思う決定的な理由がひとつあるとすれば、それは「かかと着地はよくない」ということだ。フォアフット着地はいい。目標はかかと着地からフォアフット着地に移行することだ。このことは『BORN TO RUN 走るために生まれた』のような本を読んでからずっと頭にはあったが、切り替えができなかった。役に立ちそうな本を探しても、走り方を詳しく説明してくれそうなものはなかった。走り方よりもトレーニング法についてばかりだ。そんなときロマノフ博士に出会った。これでいよいよ始められる。じっくり粘り強くいくつもりだ。

目標

これまで４００メートル75秒ペースで反復走をしてきた人が、60秒ペースで走ろうと決断するのは簡単なことではない。潜在意識下の心がパニックを起こして、その野心に急ブレーキをかけるはずだ。だが12週間から16週間をかけて毎週少しずつタイムを縮め、60秒にまでもっていくことならできる。ただし、自分で本当にそう信じるならの話だ。

ランニング日誌は、長期的な目標を文章にして書きとめ、達成するためのプランを立てられるようにする場だ。目標を持つことは不可能を可能にするだけでなく、次のことにもつながる。

・トレーニングの過程を自分のものにできる
・時間管理ができる
・成長の経過を追える
・期待した効果が出ないときに調整できる

プログラムを進めるなかで、現実的で評価可能、なおかつ具体的に期限を設定した長期目標と短期目標を決めていく。当然ながら修正が必要な場合も出てくるが、プランや予想を微調整すること自体、ランナーとしての成功に欠かせない知覚力に磨きをかけることになる。

今日の日誌には、とりあえず「目標」の見出しの下に、なぜ本書を選んでポーズ・メソッドに取り組もうと思ったのかを書いてほしい。これからの10週間で何を達成したいか？　10カ月では？　10年では？　目標がずっと怪我なく走るといった大雑把なものでも、マラソンをサブスリーで走るといった具体的なものでも、いまこそそれを文章にするときだ。

▼「目標」記入例

目標は、このランニングの新ルールを身につけることだ。いままでは、かかと着地とオーバーストライドは数々のランニング障害や非効率の原因だとされている。だから私の目標はこの悪い癖を一掃し、正確で完璧な技術で走ることだ。走行距離を記録するわけではないから、私にとっては技術の向上がすべてだ。走ることが楽に感じられる域まで、走っているというより走らされていると感じられる域まで達したい。

次の第2章では、ポーズ・メソッドのプログラムを最後までやり通し、その後も続けられる具体的なトレーニングスケジュールを立てる。ここに書く長期目標が、いずれ短期目標の強度や範囲を評価するのに役立ってくれる。

集中ポイント

ランニング日誌は、トレーニングセッションに備え、集中する対象を絞り込むのに最適なツールだ。次のセッションで何に集中したいかを言葉にして、ここに書きとめよう。今日のところは、前項の知覚訓練のなかからもう一度やってみたいもの（たとえば自分のバランスの限界を試すなど）をひとつ選ぶ。「集中ポイント」と書いた見出しの下に、自己受容感覚を高めるためにどんな方法を採用するか、バランスの限界からどんな感覚を連想するかをリストアップする。

▼「集中ポイント」記入例

目標は「KISSの法則」（Keep It Simple, Stupid＝シンプルにしておけよ、このバカめ）だ。「いま、かかととフォアフットのどっちで着地しているんだろう？」と、ものすごく単純な区別をするのにも苦労している。そのせいで自分がすごく無能に思える。だから今日は弾力姿勢をとって、かかととフォアフットのあいだで体重を前後に移動させ、違いに徹底的に集中してみよう。まずは、移動のあいだに2秒くらい長めの時間を空けて、わかりやすい大きな体重移動からだ。

では、本書とランニング日誌を置いて知覚訓練を始めよう。

セッション後の振り返り

ここでは、レッスンとランの分析をする。うまくできたことと、できなかったこと、ひらめいたこと、てこずったこと。走った距離やコース、タイム、食べたもの、体がどう感じているかなど、ふつうの日誌に書くようなことも敬遠せずに書こう。

今日のところは、先ほど再挑戦した知覚訓練について振り返ってほしい。前回と比べて今回はどうだったか？　集中していたか、気が散っているようだったか？　痛みなどの不快感はあったか？　観察したことを「セッション後の振り返り」とした見出しの下にすべて記録しよう。

▼「セッション後の振り返り」記入例

これはまあ簡単だった。集中力を保って、かかとからフォアフット、そしてまたかかとへと、体重移動に専念した。と思いきや、足を動かしていなかった。正直、少し退屈だ。自分との約束を思い出さなければ。粘り強くいこう。それから何かヒントをつかんだら、感謝の気持ちを忘れないこと。まあ、感触をつかんでおくのはひと苦労だが。目標は、動きはじめたときにもこの同じ集中力を保つこと。ジョギングにもこの集中力を持ち込みたい。

終わったばかりの行為について書くことは、進歩の記録として残る以上にはるかに価値がある。それが、**マインドフルネスを養い、いまこの瞬間に集中するというランニング日誌の側面だ。このスキルは、知覚された限界をいざ体に超えさせる際に欠かすことができない。**

体を自動操縦モードにして見事に走りながら、心は休暇に出かけられたら嬉しいが、そんなうまい話はそうあることではない。長距離走で心が飛んでいく先の最たるものは、未来だ。体はマラソンの10キロ地点にいても、心は20キロ先で何が起きるだろうと考えはじめる。いまこの瞬間の体のパフォーマンスを監視する代わりに、元気にマラソンを乗り切ることができそうかと推測しはじめる。

いまいる地点より先のことを考えて、心は未来への不安を相当に募らせていく。そのあいだ、10キロ地点で意識下の心からほったらかしにされた体の生理的・生体力学的プロセスは注意不足のせいで崩れはじめる。

未来への訪問から現在に戻ると、心は肉体のプロセスが混乱状態にあることに気づく。ちょっとした自己成就的予言だ。最初は、体が元気にゴールまでたどり着けるかと身体能力を心配し、そのあと現在に戻ると、ゴールのはるか手前ですでに歯車が狂いはじめていると気づくのだから。

このときにはもう、パフォーマンスを回復させるのはたいてい手遅れだ。なにしろ、いま体から脳に送られてくる信号は「ＳＯＳ」なのだから。足取りは乱れ、筋肉は痛み……。すでに未来に不安を抱いていた心は、いまやその不安が当たっていたことを知る。それもこれも、心が現在の領域を離れ、勝手に未来の探索に出かけてしまったからだ。

ここで、マラソンの直後にこの体験を日誌に記録するランナーがどうなるかを想像してみよう。意識が現在から未来、また現在へと移動したことが記入される。「10キロのところでおかしくなりはじめた。30キロ地点のことが不安になりはじめてすぐのことだった」。一連の思考や感覚をわかりやすく書き出すことによって、心は手に負えなくなった状況への当事者意識を取り戻す。次に走る準備をするときは、こうした心のしくじりを、避けるべきこととして「集中ポイント」のページに書きとめよう。そうすれば、次に走るときには、前回問題を起こしたのと同じところに心を迷い込ませたいとは思わなくなる。

リフレーミング

角度を変えて別の視点で見直せば、否定的になりかねない状況が肯定的な結果に変わる。ただし効き目を発揮するのは、起こったことについてではない。起こったことに対する考え方についてだ。たとえば、いい走りができなかったと落ち込んでいるとする。そんなときは、次のことを自問して、状況を別の視点で見直す必要がある。

・うまくいったことは何か?
・何を学んだか?

・学んだことを何に活かせるか？
肯定的なことをひとつ見つけるだけでいい。「ネットサーフィンではなく、ワークアウトをした」というのでもかまわない。肯定的なことを見つけて文章にすることで、何度でも復活できる。

▼「リフレーミング」記入例
今日はちゃんとトレーニングに行った。こんな簡単な運動なんか必要ないという頭のなかの声はあったけれど。その声を頭から追い出して、体に体験させた。心にだまされてたまるか。これは身をもって形にすること、考えるのをやめて体を使うことがすべてだ。

思ったこと、感じたこと

ここでは、自由形式でランニングとポーズ・メソッドについて考察する。午前3時に不意にひらめき、忘れたくないランニングに関する気づきを書きとめる場だ。翌日、さらに加筆すれば理解が深まるだろう。また、ランニング技術について読んだり、聞いたりしたことにコメントするページにしてもいい。あるいは、コースに出ていて嫌だと感じたり、元気が出ると感じたりしたことへのコメントでもかまわない。

▼「思ったこと、感じたこと」記入例

すごい！　今日、職場で階段を下りていて急に気づいた。一歩ごとに指球部で着地していたし、楽に階段を下りられていた。それでわかったことがある。活動にはすべて適切な体重の使い方があるはずだ。これは生活やスポーツのいろいろなことに応用できる。

本書は、ランニング日誌に何を記録すべきか、ポーズ・メソッドへのアプローチをどう組み立てるべきかの指示ばかりだが、この項だけは、すべてあなたと、自然に浮かんでくるあなたの意識だけのものだ。走っているときや、フォームについて考えているときに心がさまようことのないよう、ここで思いのままにさまよわせよう。

正しいシューズを選んで履く、あるいは何も履かない

パーフェクトな一足を見つける

ここまで見てきたように、シューズのモーションコントロール機能に依存していては、「自然の青写真」に従った走りはできないし、怪我のリスクが増す。足が持つ本来の能力と筋肉の働きを活かすポーズ・メソッドを体得するには、フラットランニングシューズを手に入れる必要がある。ただし、新しいシューズに履き替える前に、まずは元のシューズを履いて、ランニング日誌を取り出そう。「パーソナル・プロフィール」のページに、足に感じるそのシューズの感触について書いておく。シューズを履いたときの動きやすさは、はだしのときと比べてどうか？　地面に足を押しつけたときに接触点がわかるか、それとも圧力は足裏全体で均一か？本書で私が推奨するタイプのシューズを買いに行く際には、このメモを持参しよう。

推奨するランニングシューズ：フラット、薄い、柔軟性がある

パフォーマンスを最大限に高め、怪我のリスクを最小限に抑えるには、軽く、ソールがフ

ラットで、薄くて柔軟性のあるシューズをおすすめする。そうすれば足と地面とのやりとりが非常に正確かつ精密になる。100分の1秒単位までもが重要な動きのなかでは、素早い体重移動のために神経筋の協調が欠かせない。ソールのクッション性が強すぎると、このプロセスが遅れ、結果としてランニング技術が損なわれる。

　近ごろはスポーツ店のランニングシューズ売り場に行くと、驚くほどさまざまな選択肢がある。だが、そのなかで「フラット」「薄い」「柔軟性がある」というワードを含むものは、（あっても）ごくわずかだ。フラットシューズを手に入れるには「ゼロミリ・ヒール・トゥ・ドロップ」（ヒール・トゥ・ドロップ＝かかとと指の付け根の高さに生じる差）を注文する必要がある。薄くて柔軟性のあるシューズは、ベアフットかミニマリスト

■フラットミニマルシューズの例

用のモデルから選ぼう。

アーチから足首にかけてはひもをしっかり結び、つま先と指の付け根の部分はひもに余裕をもたせる。サイズはぴったりフィットしたもの。つま先が圧迫されるほどきつすぎず、かといってすき間で指が遊びすぎるほどゆるくないものにする。

正解と思える一足を見つけたら、それを履いて、先ほどの項で紹介した知覚訓練を試してみよう。大丈夫、店員はあらゆるものを見てきているので、あなたが弾力姿勢をとって何度か目を閉じても動じたりしない。次に、その場で軽く走って着地が感じられるかを確かめる。最初に接地するのはどこだろう。かかとか、ミッドフットか、フォアフットか？　着地したときに体重をどこで感じるか。体の前か、下か、うしろか？　背中が丸まっているか、胸が開いているか？　頭の位置はどこか？　そんなことを考えているあいだにシューズが多少なりとも気になるか、前のシューズと同じように感覚が鈍るようなら、すぐに脱いで別のモデルを試そう。

逆に、シューズとのあいだに運命的な出会いを感じるなら、指球部を使って大股で何歩か軽く走ってみる。シューズ全体が足と一緒に屈曲しなければならない。ひもでこすれるのも、ソールの屈曲部に抵抗があるのもだめだ。

ベアフットランニング

この40年のあいだ、ほぼずっと世界の長距離界に君臨してきたアフリカのランナーたちのフォームを観察すると、彼らの動きが効率と優美さの手本だとわかる。ほとんどの場合、そのフォームは子どものころにベアフット（はだし）ランニングをしていたことの賜物だ。ベアフットランニングは適切な技術を磨き、足首と足まわりの筋力を鍛える。ここを鍛えると、シューズに頼って強さを手に入れたのとは違って、アキレス腱炎や足底筋膜炎など、よくあるランニング障害で戦線を離脱するリスクが減る。とはいえ、ベアフットランニングは魔法ではなく、トレーニングツールのひとつと考えるべきだ。シューズを脱いだり、ぴったりした5本指のランニングソックスを履いたりすると、自己受容感覚や足の運びに対する感受性が増すが、それで適切な技術が保証されるわけではない。本書のレッスンの多くははだしで行うことが可能なので、気が向いたとき、特にジャンプや縄跳びのドリル、あるいはビーチやトラックやゴルフコースが近くにあるときには、はだしをおすすめする。だが、はだしで走っただけではポーズ・ランナーにならないことは強調しておかなければならない。ポーズ・ランナーになるには、ポーズ・メソッドが必要だ。

矯正インソール（オルソティック）をどうやって捨てるか？

脚を折ったら死ぬまでずっとギプスをはめたままだろうか？　当然、答えは「ノー」だ。同じことは矯正インソールにも言える。

理屈のうえでは、矯正インソールは扁平足やハイアーチなどの異常を補正し、腸脛靭帯炎《ちょうけいじんたいえん》と膝痛を治療するように設計されている。だが実際は、症状を処置するうわべばかりの解決策で、本当の原因を完治させるわけではない。いちばんの問題、つまり弱点である体の連動性を強化し、ランニング技術を向上させなければならないことを見落としてしまっている。矯正インソールはただでさえ衰えた筋肉をさらに弱め、適切な技術修正がされてもそれをうまく感じとれなくしてしまう。矯正インソールを選択するのは、死ぬまでずっと松葉杖を使うと選択するようなものだ。

それでも、矯正インソールが役に立たないと知ることと、長年にわたってそのサポート力に頼ってきたものを装着しなくなるのとは別の話だ。捨ててしまうのは簡単ではないかもしれない。ゆっくりと安全に進める必要がある。そこで、いくつか指針を示そう。

・まず、恐怖心をやわらげる。矯正インソールが問題解決になっていないことを自分に言い聞かせよう
・新しく買ったミニマルシューズにインソールを入れ、本章の残りの運動を最後まで行う
・次の第2章のレッスンに入ったらインソールを外す。痛みを感じたらインソールを戻し、次のレッスンでまた外してみる
・急がないこと。足を鍛え直して、強く、柔軟で、敏感にする必要がある
・この移行期間は、練習で長い距離は走らない

デジタルキャプチャ

自分のストライドを知る

ランナーにとっては知覚が重要であり、ランニング日誌をきちんとつけて、適切なシューズを履くことによって知覚が最適化されることは理解してもらえたはずだ。そこで今度は、その知覚スキルを試す最高のツールのひとつについて説明したい。それは、自分を撮影することだ。競技を撮影することは、以前はトップクラスのコーチングとチームスポーツに限られたものだったが、いまは友人がいてスマートフォンを持っていれば誰にでもできる。

自分の走りを撮影すれば、昔ながらのビフォー&アフター広告キャンペーンのように進歩がはっきりとわかり、向上しつづけるために最も注力すべき部分を知ることができる。そのためにはまず、基準となる走りを録画しよう。誰にでも最初の一歩はあるわけで、やり方を変える前にその一歩目を記録しておくことをおすすめする。

基本の撮影手順

撮影用にビデオカメラと三脚があれば理想的だが、スマートフォンでも問題はない。わざわざ未来のスピルバーグを雇うまでもなく、友人がうまくやってくれるだろう。子どもがいれば、彼らはすでにスピルバーグなので、誰かひとりを捕まえてくればいい。

次に、ポーズ・メソッドに至る旅のあいだに何度も訪れることのできるロケーションを探そう。撮影したものをのちのち見直すときに、比較するポイントが明確になる。撮影者が一カ所に立ち、最低でも20メートルは障害物に邪魔されずにあなたにレンズを向けられるよう、比較的平坦で開けた場所で撮影する必要がある。走路の表面がはだしで走るのに適していれば理想的だ。近くに競技場のトラックか、長く伸びた砂浜があれば、そこを使おう。

最後に、ビデオに撮ったときに脚全体と関節が際立つよう、背景とは対照的な色のウェアを着ること。

撮影担当者、撮影場所、ウェアが決まれば、新しいランニングシューズを履いて撮影を開始しよう。撮影手順は次ページで詳しく解説する。

もし時間があれば、同じ手順をはだしで行って、さらにビデオ撮影してもいい。もっと詳しく分析するなら、走る姿を正面からと、後方からも撮影してもらう。

撮影者は見つからないが三脚なら手に入るという場合は、次の図AとBの印が同時にフレームに納まる位置まで下がって三脚をセットする。録画を開始し、同じ手順で走る。

▼**撮影手順**

1　2枚のTシャツか、何かしらよく目立つ物を使って撮影の始点と終点の目印とする。始点と終点のあいだは20〜40メートルに設定する。

2　ふたつの目印の中間点に立ち、走者の全身がフレームに納まる位置にカメラをセットする。

3　次にカメラを第一の印（左図A）に向ける。

4　第一の印までに適度なスピード（ハーフマラソンで維持できるペース）まで加速してカメラのフレームに入るよう、手前に10〜15メートルを確保する。

5　走者がカメラのフレームに入ったら、撮影者は同じ場所に立ったまま20〜40メートル、ズームせずに走者をフレームの中央にとらえながらカメラをパンさせる。

6　走者が第二の印（左図B）を通過したら、そのままフレームから外れるよう、撮影者はパンするのをやめる。

7　走者はそのまま10〜15メートル走りつづける。

8　一連の手順をもっと速いペース（全力疾走ではなく、5キロのレーススピードぐらい）で繰り返す。

■撮影手順

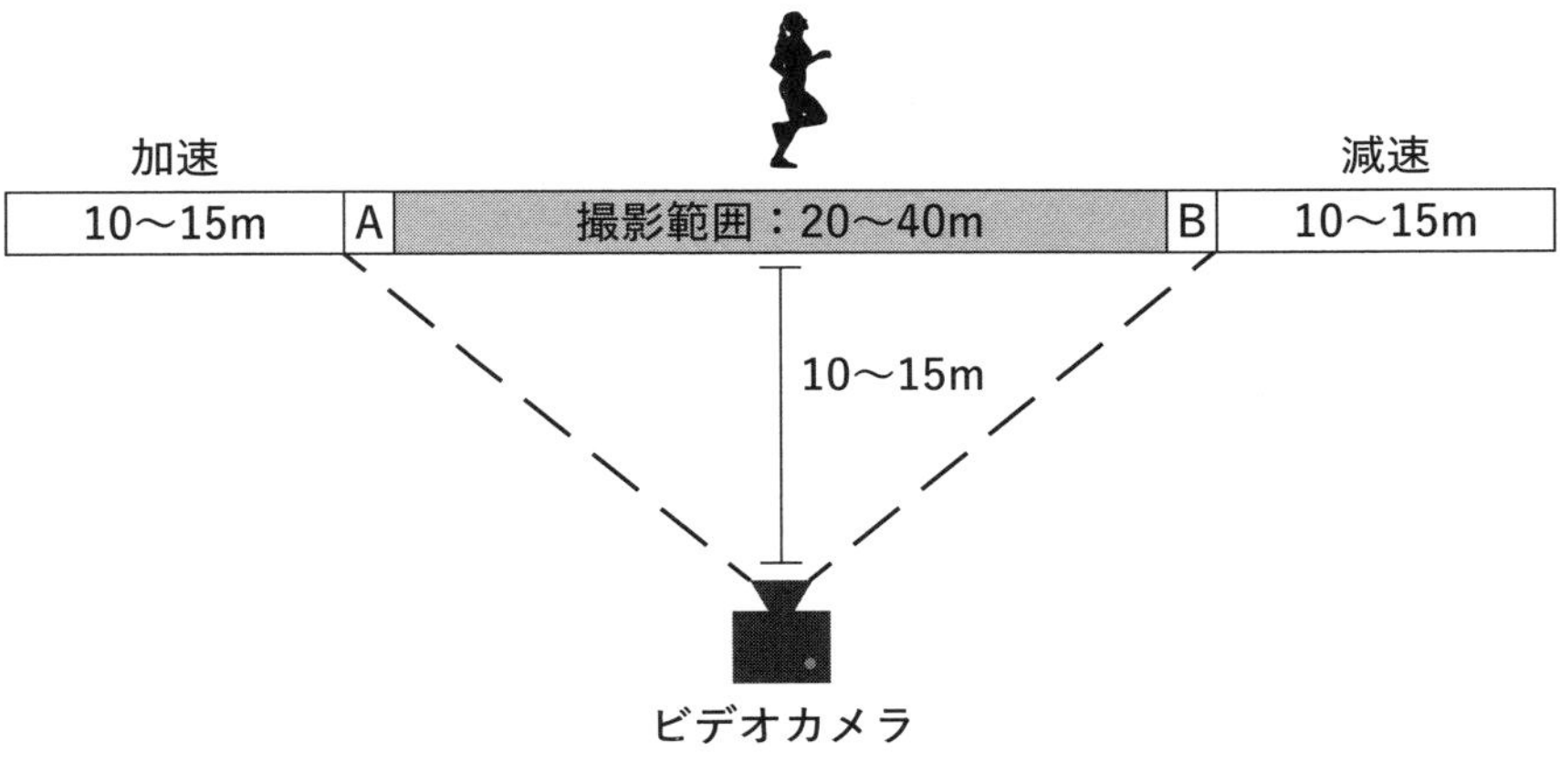

撮影の予定を組む

原則的に、自分のフォームについてフィードバックが必要だと感じたときには、いつでも撮影したほうがいい。少なくとも次のタイミングは予定に入れること。

・今日。比較となる基準のフォームを設定するため
・第2章「レッスン1」のワークアウトの段階と、「レッスン10」を終えたあと
・走行距離を伸ばしてフォームを磨くあいだ、3週間をひと区切りとした各ランニングサーキットの最後

三脚があるなら、レッスン中のドリルの練習でも、毎週、ビデオ撮影をしてはどうだろうか。プログラム全体で週の初めと終わりの撮影回数を増やしていけば、観察と改善の材料となる動画が大量にそろうことになる。

外から客観的に技術を分析できれば、自分でしているつもりと実際にしていることとの違いはすぐにわかる。気づけばそのうちに、人の走りを分析するようになっているはずだ。上手なフォアフット着地を指摘しても、友人からは怪訝な顔をされるかもしれないが、自分でフォアフット着地をしてそれを分析できれば、走りは改善する。完璧なフォームの基準に合っている

か、外れているかを知るのに、これ以上の方法はない。

ランニングの6点分析

巻末２９４〜２９５ページの画像は、ランニングフォームの分析に役立つ。動画の分析もランニングと同じで、ひとつのスキルだ。回数を重ねるほど上達する。参考画像では基本が押さえられている。詳細は第３章の「自分のコーチになる」の項で見ていこう。

動くための準備

可動性を高める

中国のことわざによると、「人は関節と同じだけ老いている」。関節が可動域いっぱいまで痛みなく動くなら、動きに若さがある。

可動域をフルに使うには、関節と筋肉と腱がエネルギーを吸収し、動きに戻してやれるだけ丈夫でなければならない。**この項で紹介する一連の動きは、関節の可動性と、筋と腱の弾性（怪我の予防とパフォーマンスの向上に欠かせない資質）を高める土台づくりの役目を果たす。**

これから見てもらう動的な動きは、高校で教わる従来のストレッチ法、つまり「筋肉は引っ張れば伸ばせる」という古くさい考えに基づく方法とは少し違う。解剖学の教科書を見ても、筋肉の長さは一定で、支持骨の長さと関節で決まると書かれている。フレキシビリティ（flexibility＝柔軟性）とは、「フレックス（flex＝曲げる）」と「アビリティ（ability＝能力）」のふたつの単語の意味からも、関節を自由に動かす能力のことだ。その鍵を握るのは、筋肉で言うと、弛緩して関節が動けるようにする能力となる。この点に関して私は、筋肉ではなく関節に働きかけるつもりだ。筋肉は関節の動きを助け、力を与えるのが仕事だ。可動域の向上を狙ったこの種のストレッチには、通常のストレッチとは異なる考え方が求められる。キープ時間の短い軽いストレッチは、関連する筋肉を緩めて緊張を解く効果もあり、筋肉を長くするのではなく、反応を高めてくれる。**関節が持つ動きの潜在能力を解き放つことによって機能的運動能力が高まり、可動域が広がる。これは筋肉を伸ばすこととは関係ない。**

準備運動のルーティンを進めるなかで、ひとつのルールを覚えておこう。体重の大半は、動いていない、あるいは使われていない部分にかけるということだ。たとえば、右の足首に働きかけるなら、まずは全体重を左足で支える。そして右足首の可動性が得られてから体重を少し右足に移し、負荷（体重）をかけて可動域の範囲で足首を動かす。レジスタンストレーニング（筋力トレーニング）をするときに徐々に強度を上げていくように、関節と腱と筋肉が強化されれば、かける体重を増やしてかまわない。ただし、可動域や安全を犠牲にしないこと。数週間、もしくは数カ月かけて、少しずつ増やしていく。何より優先されるのは可動性を高めることだ。

初めてのプログラムでは誰しもそうだが、最初は動きがぎこちなく感じられるかもしれない。見本として示す画像は、各運動の最も高度な姿勢を説明したものなので、初めからそのとおりやるのは難しい場合もある。だから落ち込むことはない。可動域は努力しつづけることで広がっていく。不安な気持ちは、ひとまず、いま進めている知覚力向上の努力に向けるようにしよう。**体重を感じ、それをどこにかけるのがいちばん効果的かを感じ、可動域を感じる。**

準備運動のガイドラインは次のとおり。

・レッスンとワークアウトの際は、毎回次の準備運動のルーティンを先に済ませる
・するべきことは、関節部分を曲げること
・ルーティン全体の所要時間は8~10分
・慣れてきたら、動きを流れるようにつないで、個々のストレッチがノンストップのひとつの動きになるようにする

それでは次ページからの準備運動のルーティンを始めてみよう。

準備運動 1

手のストレッチ／手首エクステンション

1. 右手で大きな配膳トレーを持つ要領で肘を曲げ、手のひらを上にして、指を前に向ける。

2. 左手で右の指を下に押し下げ、右腕がいっぱいに伸びて指が体のほうに引っ張られるまで前方に出していく。

3. 反対の手でも同じことを繰り返す。

準備運動 2

手のストレッチ／肘を入れる手首エクステンション

1. 胸の前で指を組み、手のひらは下、肘は外に向ける。

2. 手のひらをくるりと返し、肩を下げたまま肘を寄せる。肘と肘がつかなくても焦ることはない。可動域はいずれ広がっていく。

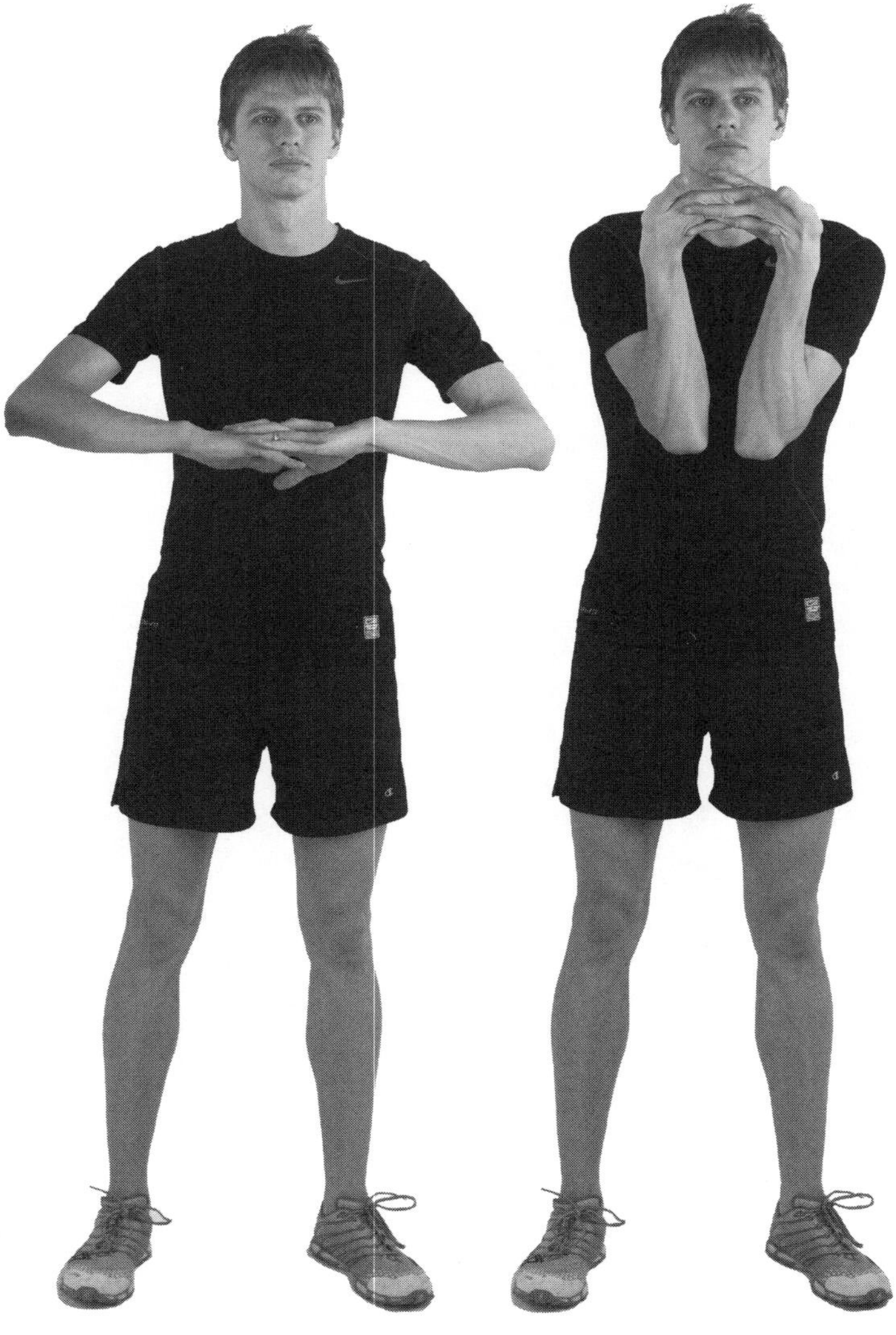

準備運動３

手と腕のストレッチ／外側への手首エクステンション

1. 手のひらが外側に向くように指を組む。

2. 腕を肩の高さで前に伸ばす。肩甲骨を引き下げたまま、肩、肘、手首、手の動きを感じる。猫背にならないようにする。

準備運動 4

手首モビリティ／祈りのポーズ

1. 胸の前で合掌し、両手で胸に触れながら肘を外に向ける。
2. 両手の指を均等な力で押し合う。手の付け根がやや離れ、肘が数センチじわじわと上がっていく。肩を下げてリラックスしたまま、指先一本一本にかかる圧力を感じる。

準備運動５

手首を交差してのローテーション

1. 体の前で腕を伸ばし、左腕が上になるように交差させて手のひらを合わせ、指を組む。肩は水平に保ち、猫背にならないようにする。

2. 組んだ手を胸に向かって内側に回転させ、そのまま外に回していっぱいまで伸ばす。

3. 右腕を上にして繰り返す。

準備運動 6

肩甲骨タッチ

1. 背中をかく要領で片手をうしろにまわす。
2. 肩を下げてリラックスしたまま手を伸ばして肩甲骨を触る。腰は曲げない。
3. 反対の手でも繰り返す。なお一般的には、どちらかの手のほうがやりやすい。

準備運動７

両肩甲骨タッチ

1. 両手を背中にまわす。

2. 肩を下げてリラックスしたまま、腰は曲げずに肩甲骨を触る（右手で右の肩甲骨、左手で左の肩甲骨）。やはり片側どちらかのほうがやりやすいのが一般的。

準備運動 8

リーチ・アンド・グラブ

1. 左手を背中にまわす。右手を右肩の上から背中にまわす。
2. 背中を丸めたり反ったりせずに手を寄せ合い、指をロックさせる。指をつかめない場合も触るところまでできるだけ近づける。
3. 左右の手を交替して繰り返す。

準備運動９

逆・祈りのポーズ

1. 両腕を背中にまわす。

2. 指を上に向けて合掌する。このとき背中を丸めたり反ったりせず、腰も曲がらないようにする。合掌できない場合もできるだけ手のひらを近づける。この動きは肩関節にかなりの可動性が必要なので、焦らないこと。

準備運動 10

片脚立ち大腿四頭筋ストレッチ

1. 足を肩幅に開いて立つ。
2. 左脚でバランスを取りながら右手をうしろに伸ばし、右足（足首のすぐ下）をつかむ。左脚（支持脚）側の足首、股関節、肩、耳が一直線になるようにする。背中は反らさない。両太腿のラインをそろえ、右脚は骨盤と一直線になるようにする。
3. 右足を右のお尻にそっと引き寄せる。かかとを無理にお尻につけない。可動域はいずれ広がっていく。
4. 反対の脚でも繰り返す。

準備運動 11

床をタッチしながらの片脚立ち大腿四頭筋ストレッチ

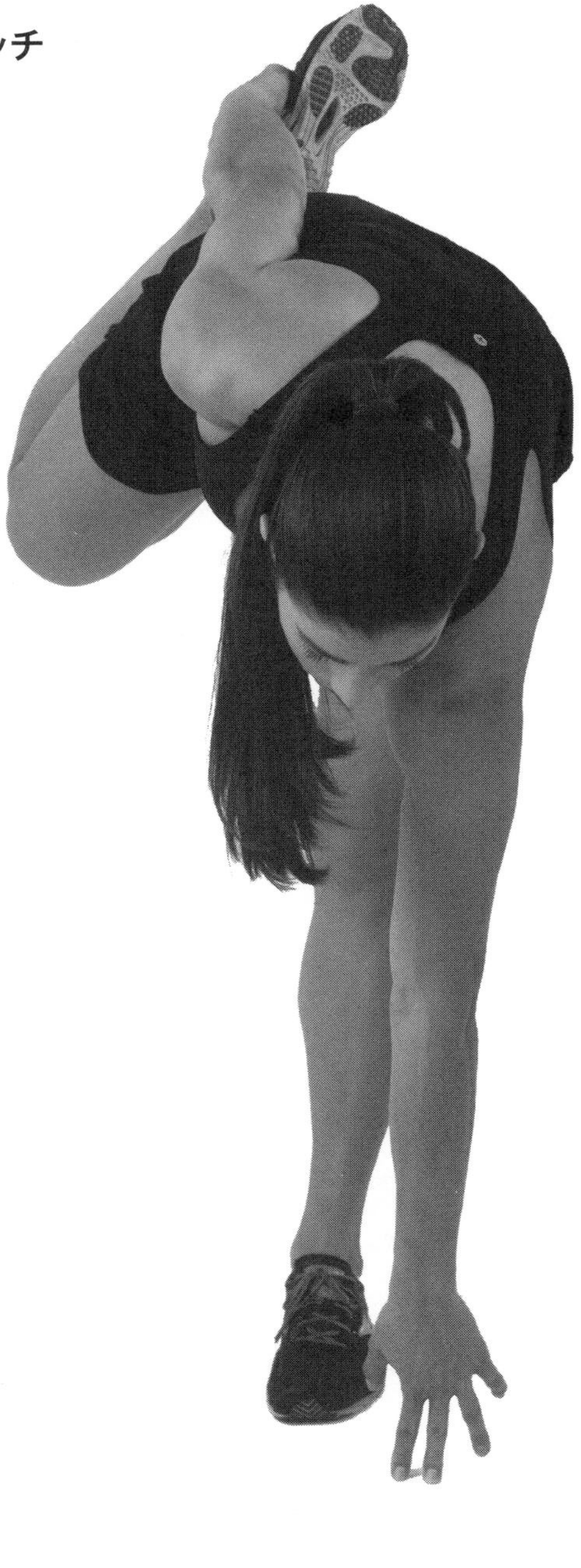

1. 左脚でバランスを取りながら右足をうしろでつかむ（P74「片脚立ち大腿四頭筋ストレッチ」の姿勢と同じ）。やはりかかとを無理にお尻につけない。
2. 徐々に体を前に倒し、左腕（空いているほうの腕）を肩の前に振り出す。支持脚が床にしっかり根を下ろしてバランスを取っているのを感じながら、視線を床に向け、つま先の数センチ先を目指して左手（空いているほうの手）で床にタッチできるところまでさらに体を倒す。
3. 反対の脚でも繰り返す。

準備運動 12

ディープ・フロントランジ

1. 足を肩幅に開いて立つ。

2. 右脚を前に踏み出す。うしろの足のかかとは床から離す。

3. 腰（体の重心）を落とし、踏み出した膝の角度は90度になるのが理想的。ただし90度にならなくても焦らない。可動域はいずれ広がっていく。

4. 脚を替えて繰り返す。

準備運動 13

スパイダーマン

1. 両手を腰に当てて立ち、左脚を前に踏み出す。うしろの足のかかとは床から離す（P76「ディープ・フロントランジ」の姿勢と同じ）。

2. この姿勢から上体を倒し、前の脚の内側に肩を入れて両方の肘から先を床につけようとする。これは可動域を徐々に広げていく必要があるかもしれない。最初のうちは脚の内側に肩を入れる際、片手もしくは両手を床に添えて支えにしてから肘を落とすようにしてかまわない。

3. 脚を替えて繰り返す。

準備運動 14

腕を伸ばしたサイドスクワット

1. 立った姿勢から腰を曲げ、両手を前の床に添えて体を支えながらしゃがみ込む。

2. 腕を前に伸ばし、指をつなぐ。

3. 体重を左脚に移しながら右脚を横に伸ばしていく。伸ばした脚はつま先をまっすぐ上に向け、体重はかかとに乗せる。このとき股関節の深いところの動きを意識しながら横への動きを正確かつなめらかに行うようにする。

4. 脚を替えて繰り返す。

準備運動 15

床をタッチしながらのサイドスクワット

1. P78「腕を伸ばしたサイドスクワット」の左脚を横に伸ばした姿勢からスタートする。
2. 上体を倒し、頭を下げながら両腕をまっすぐ伸ばして手のひらを床につける。
3. ストレッチを強めるため、手を徐々に前に出す。
4. 反対の脚を伸ばして繰り返す。

準備運動 16

つま先をタッチしながらのサイドスクワット

1. 右脚を横に伸ばしたサイドスクワットの姿勢からスタートする。
2. 胸を左の膝のほうに開きながら右腕を伸ばして右のつま先に触れる。
3. 左腕を左膝の内側で伸ばす。呼吸を止めず、この姿勢をキープする。必要なら左手を床につけて体を支えてもかまわない。
4. 反対の脚を伸ばして繰り返す。

準備運動 17

足を前後させた前屈

1. 足を肩幅に開いて立つ。左足を右足の15cm ほど前に出す。

2. 上体を倒し、両手で床にタッチする。

3. 前後の足を入れ替えて繰り返す。

準備運動 18

足を前後一直線にそろえた前屈

1. 左足を右足のすぐ前に出して立つ。前の足のかかとがうしろの足のつま先に触れるようにする。

2. 上体を倒し、両手で床にタッチする。

3. 前後の足を入れ替えて繰り返す。

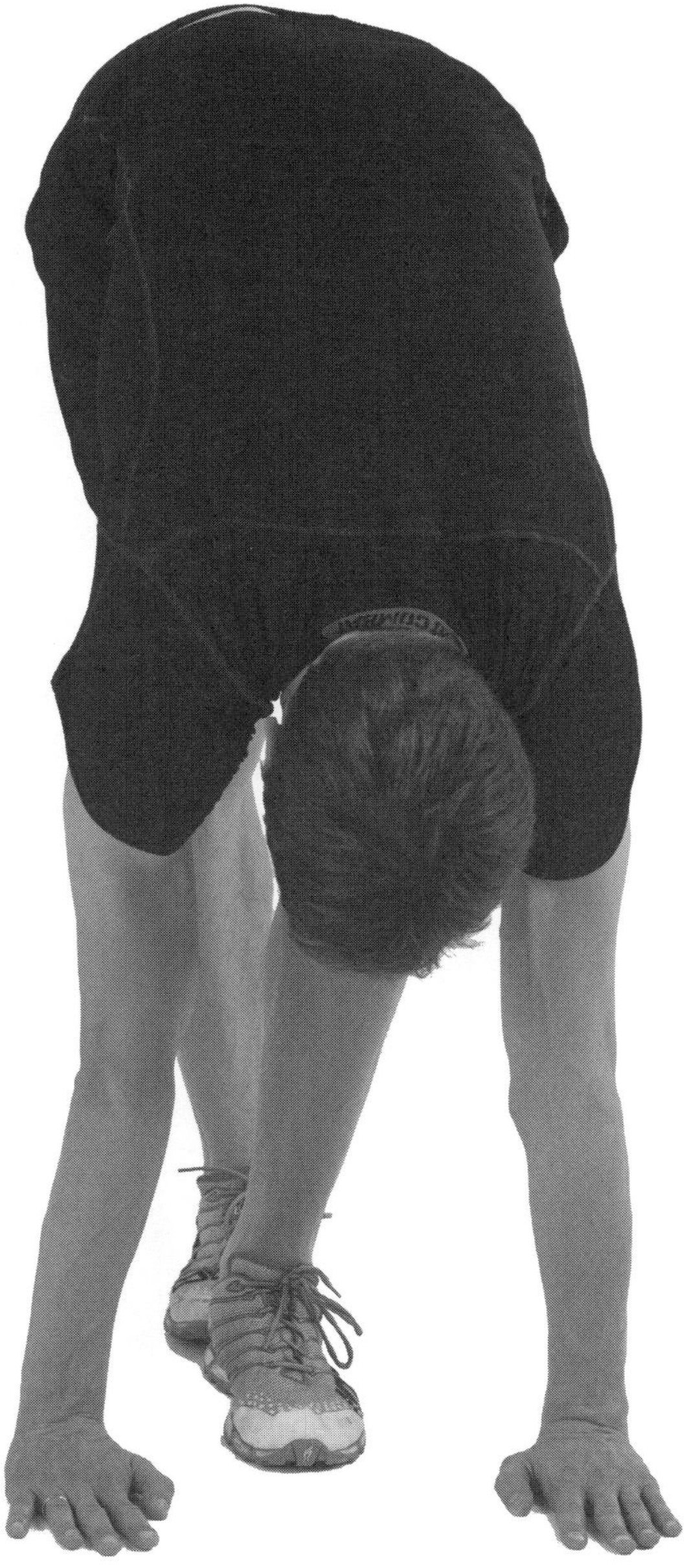

準備運動 19

前足のつま先を上げた前屈

1. 足を肩幅に開いて立つ。右足を左足の15cm ほど前に出す。前の足のつま先を上げ、体重は両足に均等にかける。
2. 上体を倒し、両手で床にタッチする。
3. 前後の足を入れ替えて繰り返す。

準備運動 20

両足のつま先を上げた前屈

1. 足を平行にそろえて立ち、両方のつま先を上げ、体重をかかとにかける。

2. 上体を倒し両手で床にタッチする。

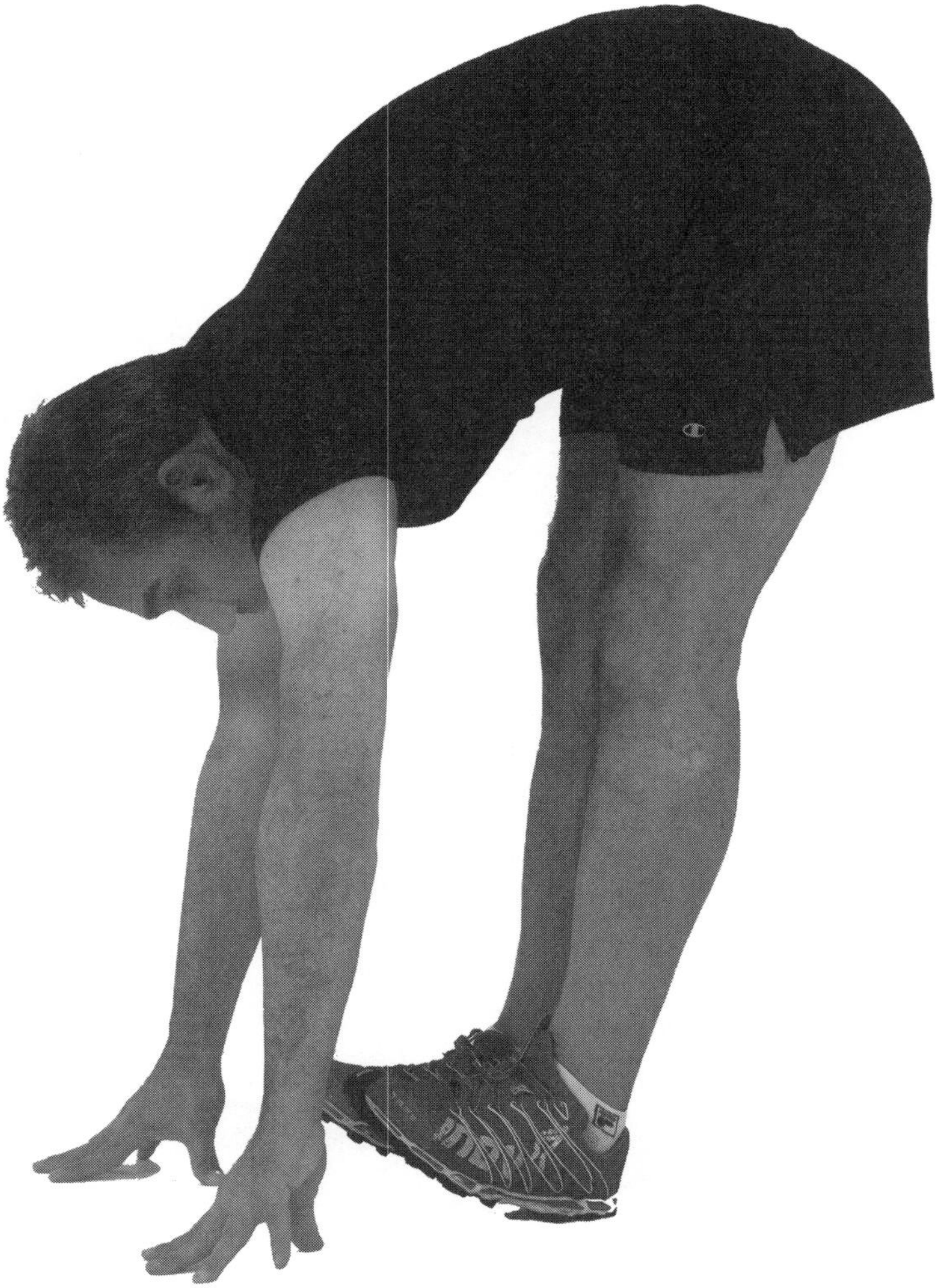

準備運動 21

足首をクロスした前屈

1. 右脚を左脚の前からクロスし、両足を隣り合わせにして立つ。足裏は床にぴったりつけておく。

2. 上体を倒し両手で床にタッチする。筋肉を緊張させないよう、前の足が回外してもかまわない。

3. 前後の脚を入れ替えて繰り返す。

＊回外＝小指側を下げて土踏まず側を上げる動き

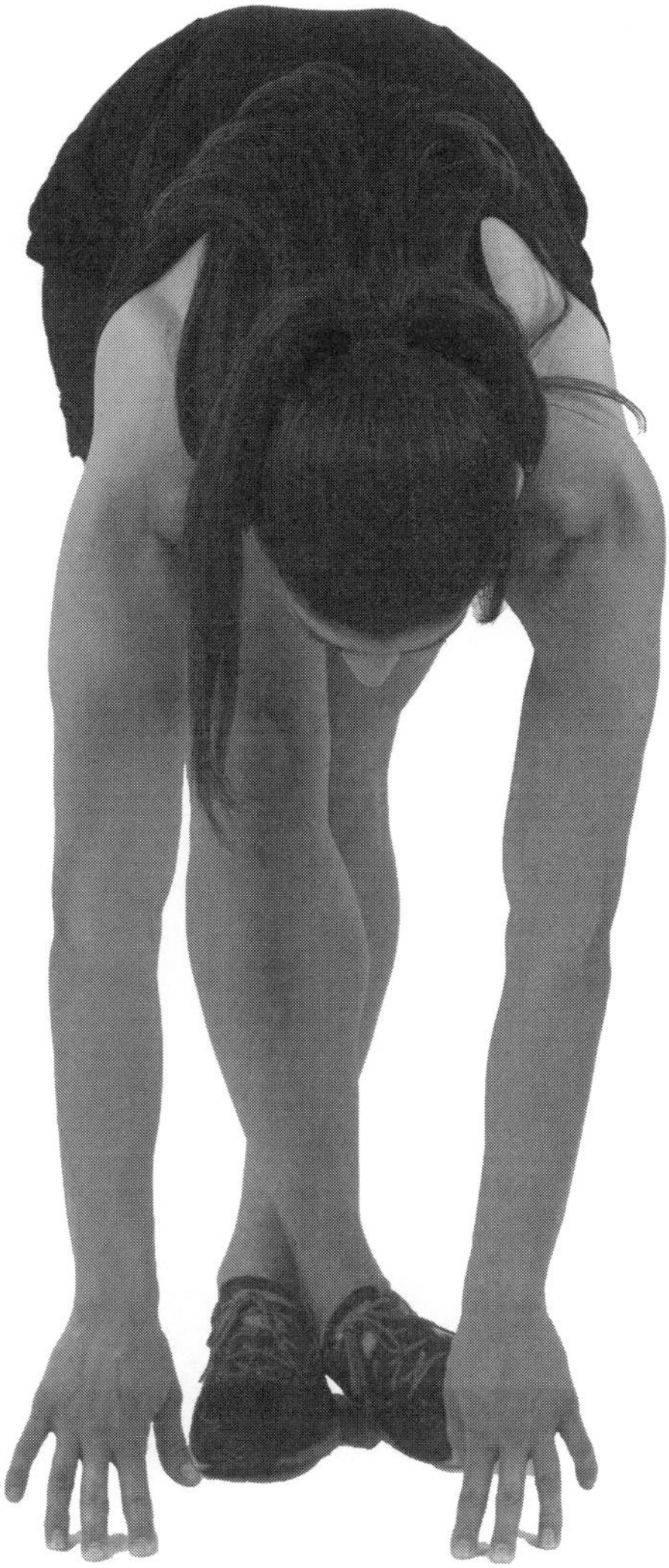

準備運動 22

足首をクロスした回外前屈

1. 右脚を左脚の前からクロスし、両足の内側（土踏まず側）を上げて立つ。

2. 上体を倒し両手で床にタッチする。

3. 前後の脚を入れ替えて繰り返す。

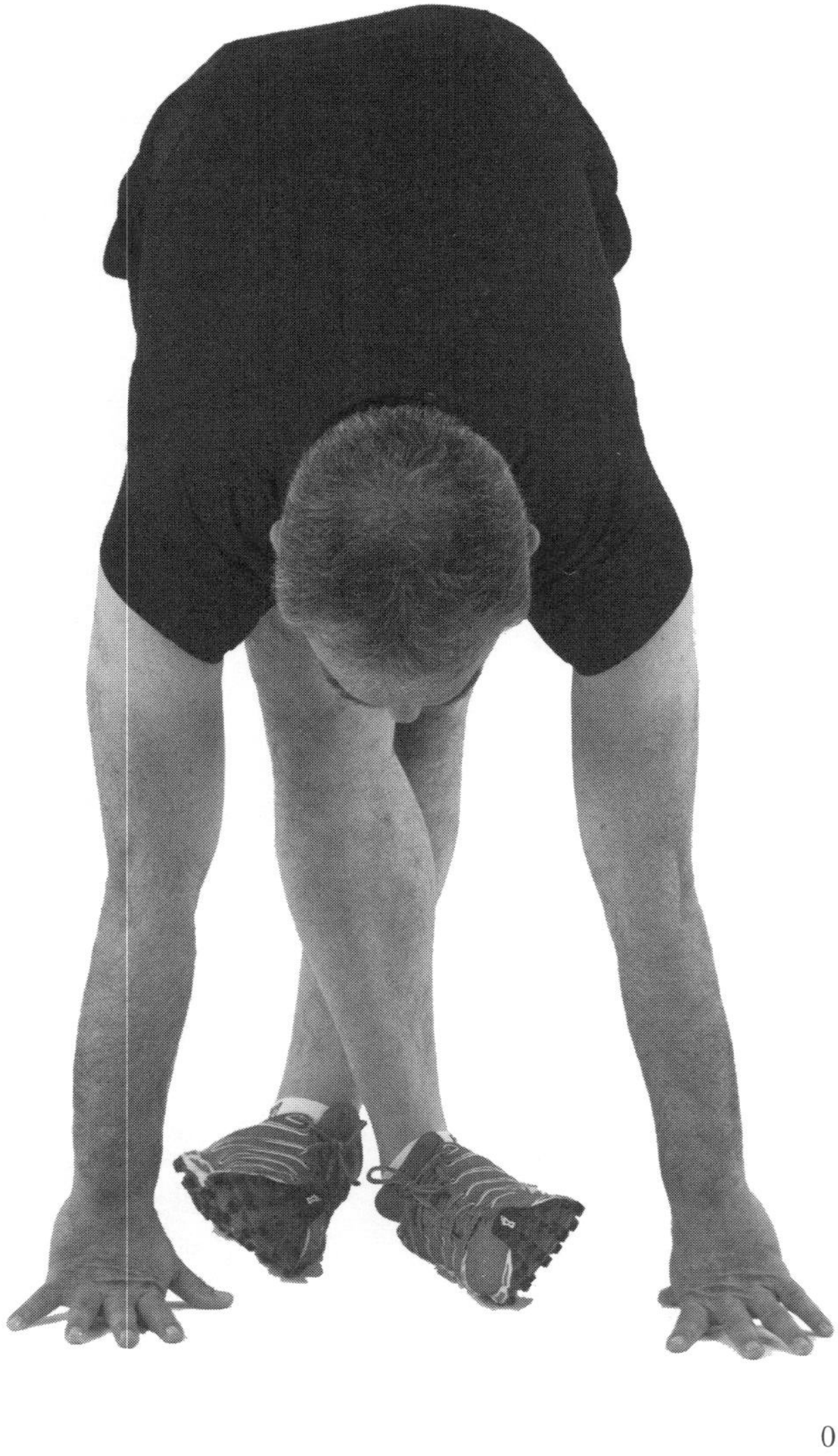

準備運動 23

前の足を回外させた前屈

1. 足を肩幅に開いて立つ。右足を左足の15cm ほど前に出す。前の足の土踏まず側を上げる。

2. 上体を倒し両手で床にタッチする。

3. 前後の脚を入れ替えて繰り返す。

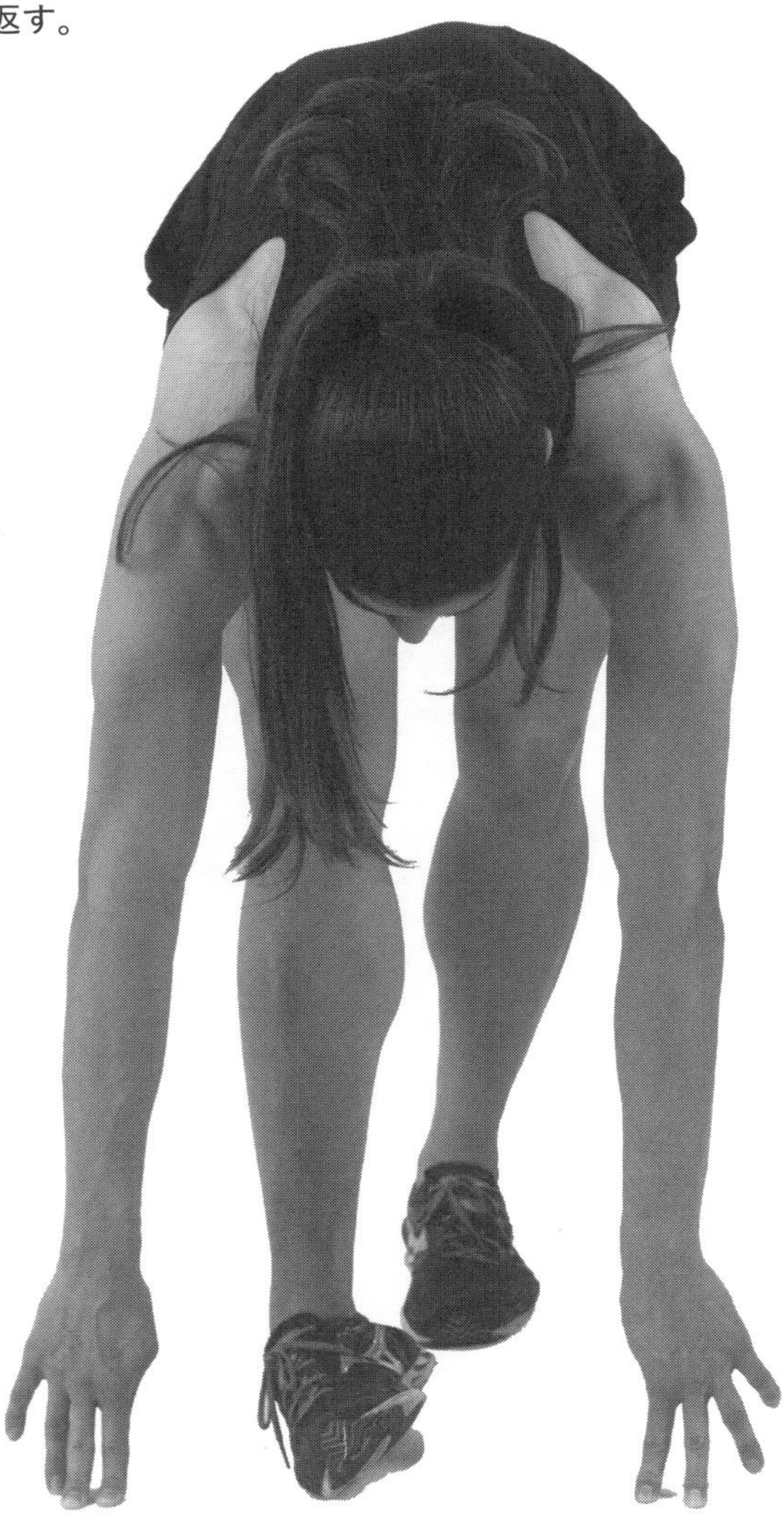

準備運動 24

両足を回外させた前屈

1. 足を平行にそろえて立ち、両足の土踏まず側を上げる。

2. 上体を倒し両手で床にタッチする。

準備運動 25

指を組んで背中で手を上げる立位前屈

1. 両足をそろえて足裏を床にぴったりつけて立ち、うしろで手を組む。腕は自然に下ろしておく（手が尾骨の上あたりに来る）。

2. 上体を倒して額を膝に近づける。このとき腕が上がり、自然と前屈の動きについていく。

準備運動 26

つま先を外に開いた前屈

1. 両足のかかとを合わせ、足裏を床にぴったりつけて、つま先を外に開く（バレエの1番のポジション）。両手は脇に垂らしておく。

2. 上体を倒し両手で床にタッチする。

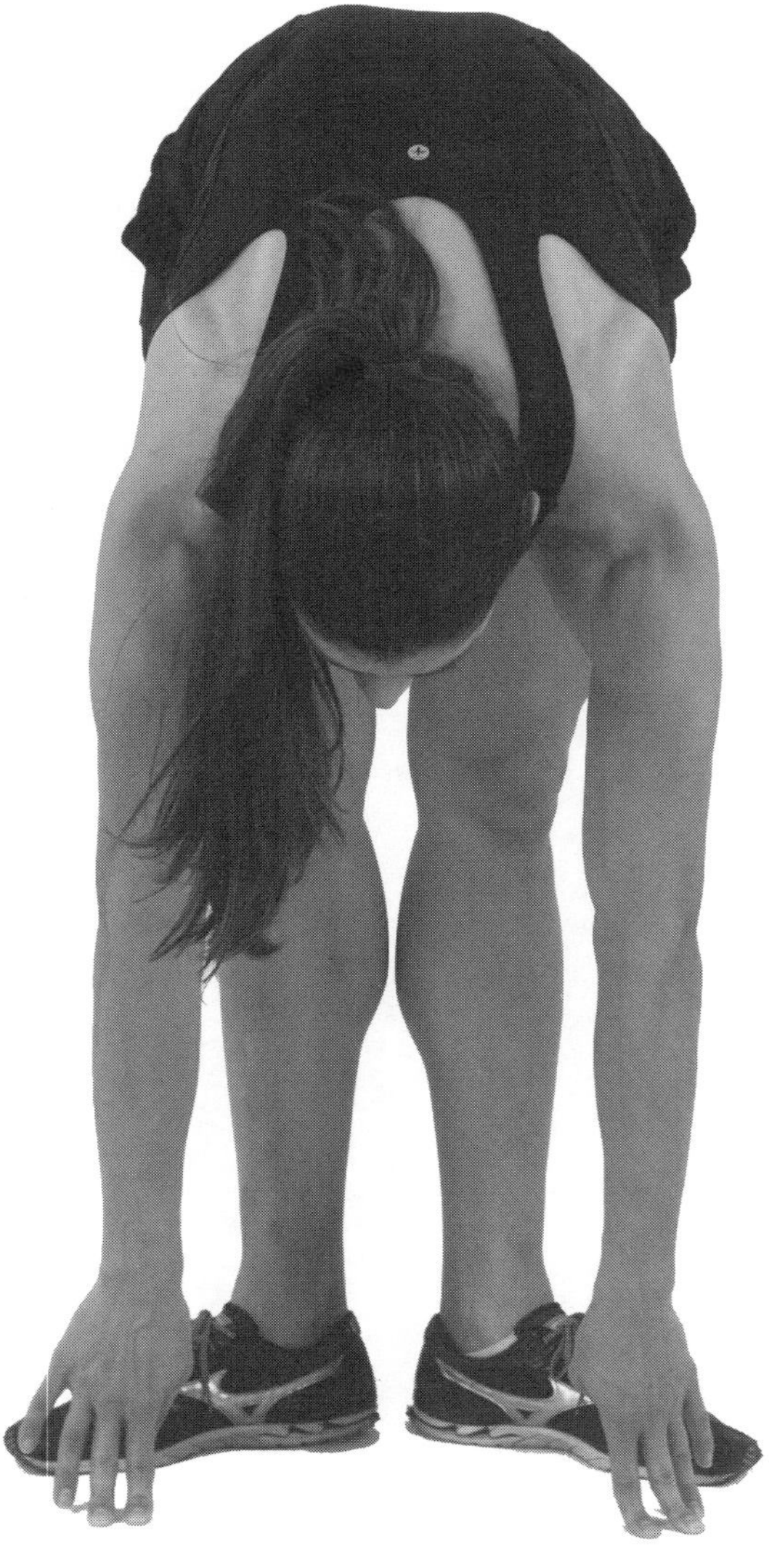

準備運動 27

つま先を外に開いて足首をクロスした前屈

1. 右足を前にして足をクロスさせ、右足のかかとが左足の土踏まずあたりに来るようにする（バレエの3番のポジション）。両手は脇に垂らしておく。
2. 上体を倒し両手で床にタッチする。
3. 前後の脚を入れ替えて繰り返す。

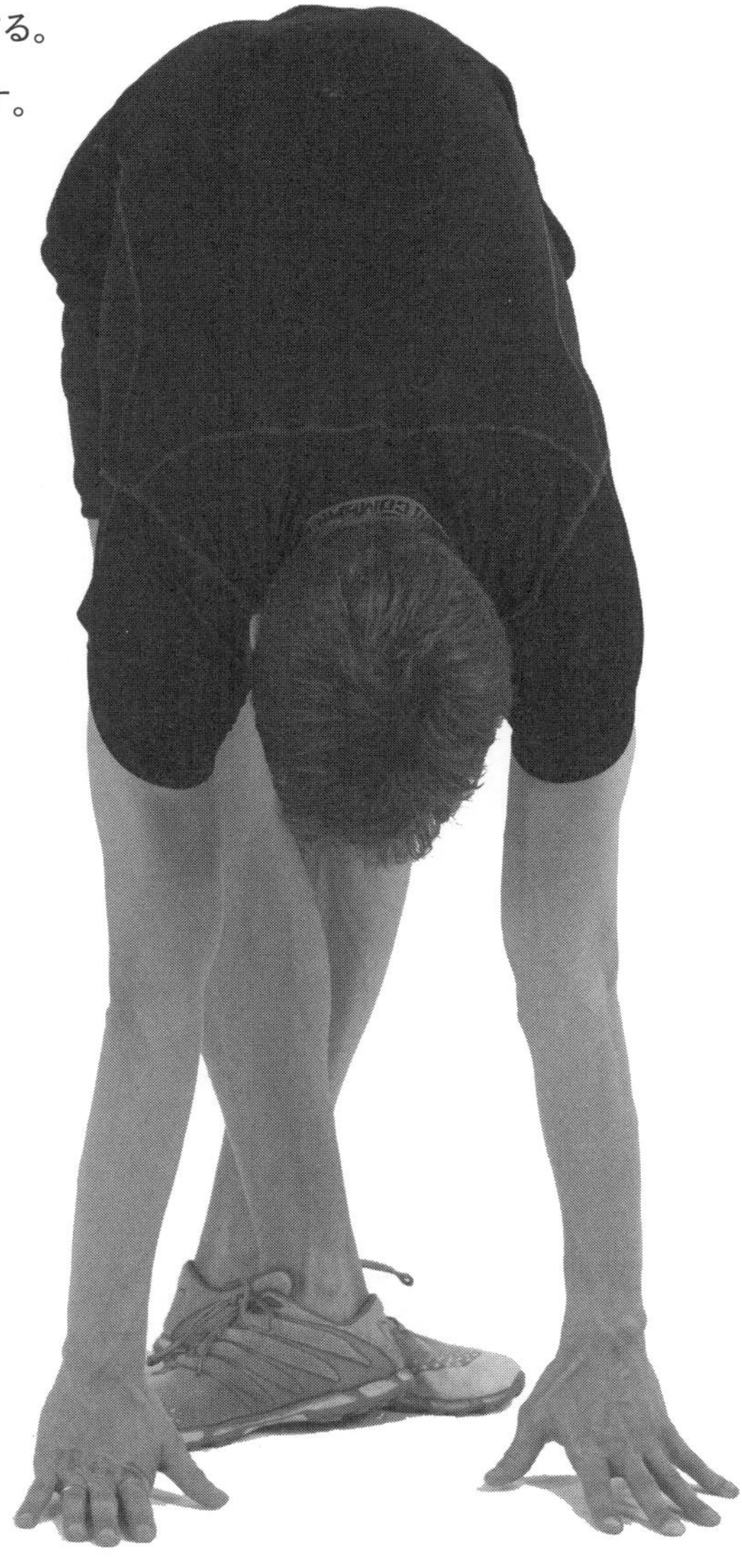

準備運動 28

足首をつかみながらの立位前屈

1. 足を大きく開いて立ち、両手は脇に垂らしておく。

2. 上体を倒しながら足首をつかみ、つま先のすぐ前の床に頭を近づける。

準備運動 29

その場ジャンプ

1. 弾力姿勢（P30）からスタートする。体重を指球部にかけ、膝はつま先の真上、足首と股関節と肩と耳が一直線になるように立つ。

2. 肩をわずかに上げるのを補助にしてまっすぐ跳び上がる。足が床から離れるときにも弾力姿勢を保つ。これはジャンプというより抜重動作と考える。

3. 指球部で着地し、かかとは床につけずにおく。

4. 接地時間を短く、上半身をリラックスさせたまま、これを8回繰り返す。

5. 1分間休憩する。

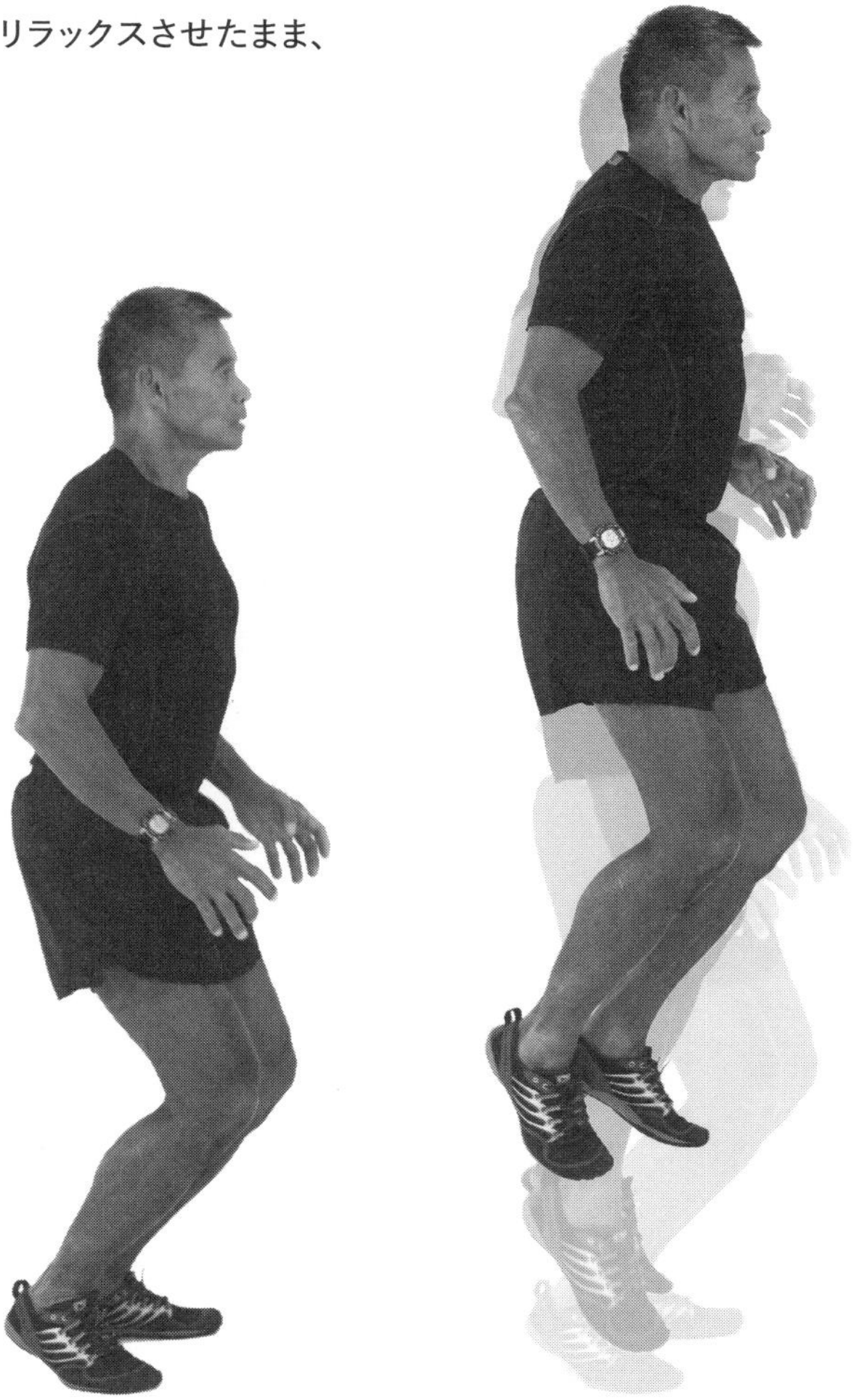

準備運動 30

かかとタッチジャンプ

1. 弾力姿勢（P30）をとり、両腕を下ろして脇にだらりと垂らす。

2. 肩をわずかに上げるのを補助にしてまっすぐ跳び上がる。このあいだも弾力姿勢を崩さず保っておく。

3. いちばん高く上がったところでかかと同士をタッチする。

4. 指球部で着地し、かかとは床につけずにおく。

5. 接地時間を短く、腕をだらりと垂らしたまま、これを8回繰り返す。

6. 1分間休憩する。

準備運動 31

サイドジャンプ

1. 弾力姿勢（P30）をとり、やはり両腕は脇にだらりと垂らす。
2. 腰（体の重心）を右脚の上に移動して、その右脚を押し出し左にジャンプする。ジャンプは小さく15cm ほど。
3. 指球部で着地し、体重を左脚にかける。
4. 左脚を押し出して右にジャンプする。これを8セット繰り返す。上半身をリラックスさせたまま、左右にジャンプするごとに腰を支持足の中心に置くようにする。かかとは床につけず、接地時間は短くする。

難易度を上げる

どんなフィットネス活動でもそうだが、ここで紹介したストレッチも回数を重ねるほど上達していく。可動域は週を追うごとに広がり、いずれ画像のお手本とそっくりにストレッチのポーズがとれるようになるはずだ。ジャンプの回数は8回から10回、12回、15回へと毎週増やしていくこと。いまは不慣れで難しいことも、一カ月後にはルーティンのように感じられ、達成感を覚えるはずだ。何より、そうした変化があらわれるのは、効率的に怪我なく正しい技術に切り替えるための基礎体力ができたということになる。

筋力トレーニング

安定性と筋力を強化する

１９７０年代初めにランニングブームが始まったころには、ランナーもコーチも筋力トレーニングには見向きもしなかった。筋力トレーニングは体をムキムキにするものとされていた。走りを磨くには、ただ走ればいい。重視されていたのは循環系（心臓と肺）だった。彼らは体を総体的には見ていなかったのだ。基本的に、ひとつの大雑把なやり方しかなかった。「高数量トレーニング」だ。いまでは一流の科学者やコーチは、筋力とコンディショニングをランナーの欠かせない武器のひとつとして価値を認めている。

本題に入る前の予備的なこの項の目的は、**怪我を予防し、適切な技術で走り、潜在的な走力を引き出すための、ランニングに特化した筋力トレーニング**を紹介することにある。自分の体重と重力の相互作用に対処するには、それだけの筋力が必要になる。走行時に耐えるべき荷重は、ジョグのときで体重の1・5倍、全力疾走では体重の3倍にまで増えることがある。つまり体重が90キロなら、ジョグの１３５キロから全力疾走の２７０キロまでの荷重に耐えられるぐらい体（筋肉、腱、靭帯、骨）を強くする必要がある。その土台が十分になければ、体は適切な技術を発揮し、それを維持することができない。

とはいえ、ひるむことはない。このプログラムをこなせば、その要求に応えるだけの強さが身につく。本書のワークアウトの前には必ず前の項のストレッチ（準備運動）をすることになるが、同じように、各セッションの締めくくりには筋力トレーニングを行う。このエクササイズが、これからの4週間で10レッスン（第2章）をやり遂げる助けになるはずだ。準備運動のジャンプと同じで、各運動の回数は1週間ごとに増やしていく。4週間ほどで第3章の「ランニングサーキット」に進むと、今度は難易度を上げたバリエーションに移る。

では、毎日行う筋力トレーニングのエクササイズについて見ていこう。次のヒントを心に留めておくこと。

・動きはすべて股関節を起点にする
・股関節は安定させた状態（お尻の筋肉を締めた状態）をキープし、回転させたり左右にひねったりしない。プランクポーズで手をつくと手首が圧迫されすぎる、難しすぎるという場合は、肘をついて体を支えてもいい
・腰を上げるときに息を吐き、下げるときに息を吸う
・指球部から股関節、肩関節、頭までが一直線となるよう、いいアライメント（各関節や骨の並び）を保つ。私が「ポーズ・アライメント」と呼ぶこの姿勢については第2章で説明する
・背骨に向けてへそを引っ込め、コアにスイッチを入れる

筋力トレーニング１

上を向いたヒップディップ

1. 床に座って肩の真下で手をうしろにつき（手のひらを下、指を足と反対に向ける）、脚を前に伸ばす。

2. 手とかかとで体重を支えながら腰をできるだけ高く持ち上げる。

3. 最初の姿勢に戻り、これを10回繰り返す。

＊第2章以降のレッスンで指示するとおり、この項のすべての筋力トレーニングは毎週回数を増やしていく。

筋力トレーニング 2

下を向いたヒップディップ

1. プッシュアップ（腕立て伏せ）の姿勢をとる。手を肩の真下について腕を伸ばし、腰は体の高さで、足の指を立てる。

2. 腰をまっすぐ持ち上げ、ヨガのダウンドッグ（下を向いた犬のポーズ）に似た逆さのV字をつくる。

3. プッシュアップの姿勢に戻り、これを10回繰り返す。

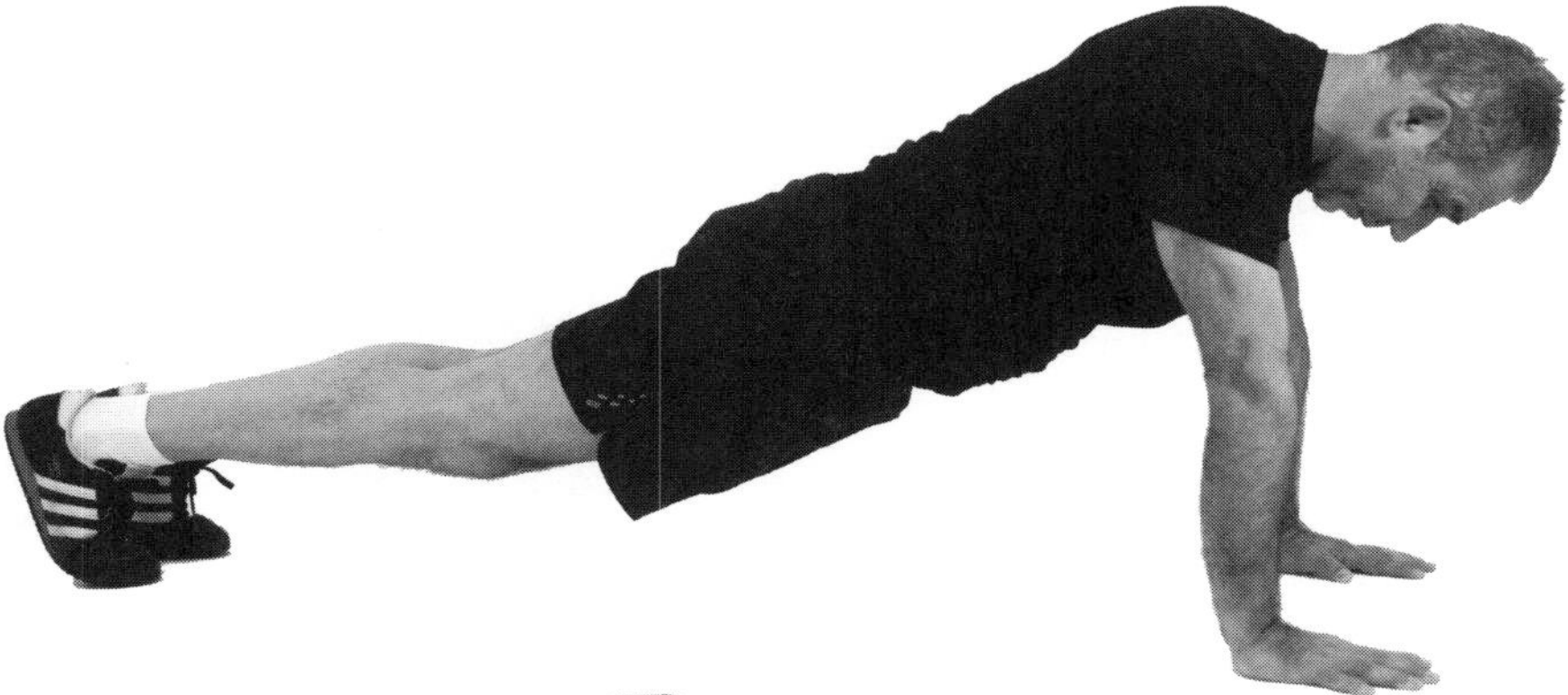

筋力トレーニング３

サイド・ヒップディップ

1. 左腕を伸ばし、手を肩の下について上半身を支えたサイドプランクの姿勢をとる。腰は床につけておく。
2. 腰をできるだけ高く持ち上げる。
3. 腰を最初の位置に戻し、これを10回繰り返す。
4. 腕を替えて繰り返す。

筋力トレーニング 4

自重スクワット

1. 足を肩幅より少し広めに開いて立ち、両腕を肩の高さでまっすぐ前に伸ばす。体重を指球部にかける。
2. お尻をななめうしろに引きながらできるだけ深く腰を下ろしてしゃがみ込む。
3. 最初の姿勢に戻り、これを10回繰り返す。

第2章

10レッスン

Ten Lessons

レッスンに入る前に

ランニングのスキルを習得する

機能的なシューズに慣れたほとんどの人にとって、体得すべきことと同じぐらいリセットすべきことがたくさんある。だから、「自然にやれ」とか、「ひたすらやれ」というアドバイスは役に立たない。ランニングの場合、自然に走ることがもはや自然ではないからだ。これから紹介する10のレッスンでは、体に染みついた動きのパターンを忘れ、もっと効果的なパターンに置き換える必要がある。

レッスンは完璧の域に達するまで何度も繰り返すように組まれている。すでに十分に鍛えている人でも、**セッションはすべて前章で紹介した準備運動と筋力トレーニングをセットで行うこと。**このレッスンはいかに早く楽々こなせるかを確かめることではなく、次のことを目的としている。

・新しい神経パターンをつくる
・構造強度（筋肉、腱、靭帯）を強化する

・ランニングバイオメカニクス（ランニング時の体の動き方）を改善する
・新たな運動知覚をつくる

それには時間がかかる。だから根気強くいかなければならない。

レッスンの構成

10のレッスンはそれぞれ、**鍵となる新しい概念、その概念が適切なランニング技術にどうつながっているかの説明、技術を自分のフォームに取り込むためのドリル、改良を加えたフォームの練習と強化を助けるワークアウト**で構成される。

各レッスンの導入部では、技術に修正を加える根拠となる科学と理論の概要、および展望を示す。ランニングに関する的外れな古いルールはどれか、それはなぜかをここで見ていく。

「技術」の項は、最適なランニングフォームの特定の細部にそのレッスンの重要な概念を当てはめていく。先ほども触れたとおり、自然に走ることは学んで覚えるスキルだ。ただしそれは、ひとつずつ習得しなければならない小さなスキルの集まりでもある。この項ではそのミニスキルをフォームに取り入れる前に、まず細部に分けて解説していく。

「ドリル」の項では、理論から実践に移り、概念と技術を自分のランニング法に取り込んでいく。つまり、とにかく動く箇所だ。第1章の準備運動から始めて、その後、ドリルに取りかか

■各レッスンの構成

理論パート

- 鍵となる新しい概念
- ランニング技術へつなげる説明

↓

実践パート

- 準備運動（P65〜95）
- ドリル
- ワークアウト
  - ランニング日誌「集中ポイント」の記入
  - 姿勢の練習、特定のドリル、ランニング、ビデオ撮影など
  - 筋力トレーニング（P99〜102）
  - ランニング日誌「セッション後の振り返り」の記入

各レッスンの理論パートを読んで理解し、実践パートを実行して自分のフォームに取り込む。

る。各ドリルのコツをつかんだらワークアウトに移ろう。

「ワークアウト」の項では、徐々にポーズ・メソッドに移行することを目的に、ドリルとランニングを組み合わせていく。練習セッションは段階的に強度が上がっていく。最初のうち、ワークアウトはばかばかしいほど簡単に思えるかもしれないが、「レッスン10」ではかなり長い時間をかけるものになる。体力的に軽めな短時間の最初のセッションを楽しみながら、自分の動きを見直すというメンタル的にきつい作業にエネルギーを向けよう。常に次のように自問しながらアンテナを張っておく必要がある。着地はきちんとできているか？　足を無理やり踏み下ろしているか、それとも自然と落下させているか？　リラックスしているか、緊張しているか、跳ねているか、前進しているか？　すぐに完璧にできないからといって、批判的になったり苛立ったりしないように建設的に処理するには、これはかなりの量の情報だ。

ワークアウトの項は、筋力トレーニングのルーティン（そのワークアウトを何回行うかの指示も含む）と、ランニング日誌への記入で終わる。また、映像によるフォーム確認を新たに行うタイミングについては、必要に応じて案内する。

レッスンの予定を組む

自分の体力とスケジュールに見合ったトレーニングプログラムとするため、〝自分とのアポ〟をとらなければならない。そのために次のことが必要になる。

・その週のランニング予定
・トレーニング日ごとのワークアウトの具体的な時刻
・見通しが変わったりした際に調整できる数週間分の予定表

では、そろそろ予定表とランニング日誌を準備して、ポーズ・メソッドの第一ブロックの計画を立てていこう。新しいレッスンには、それぞれ最低でも2日はかけたほうがいいので、週に6日ワークアウトをするなら、10レッスンを少なくとも4週間で終えることになる。週に6日というのはかなり集中的なスケジュールだが、この段階のワークアウトは時間的に短く、きつくもないので、筋肉が壊れることはない。ここで回数を重ねるのは、動きの新しいパターンづくりに役立つからだ。最適なペースでレッスンに取り組む時間と熱意と体力があるなら、日誌にはトレーニング計画を次のように記す。

▼トレーニング計画

・1週目：レッスン1～3
・2週目：レッスン4～6
・3週目：レッスン7～9
・4週目：レッスン10および、特に苦労したふたつのレッスンの復習各レッスンのセッション（説明を読むところから、準備運動、ドリル・筋力トレーニングを含むワークアウトまで）にかかる時間は、平均すると30分ほどなので、予定表にはそれに基づく自分とのアポを記入する。**できればこの月は新しい技術を身につけることに専念し、ランニングは加えないほうがいい。熱心なランナーも、いつものルーティンからいったん離れることはプラスになるはずだ。**一方、ランニングの初心者なら、どのみちそれほどの距離を走ることもないだろう。

もちろん、順調に進歩する人ばかりではない。着実なペースで伸びる人もいれば、特定のレッスンには多く時間をかけなければならない人もいる。つまり、次のレッスンに進みながら、難易度の高いドリルには少し予備の時間をとっていくことになる。レッスンをものにするまで1カ月以上かかる場合は、さらに1週間とって計画を調整し、どこに苦労して、何が障害になっているかをランニング日誌にメモする。

また、ワークアウトの予定だけでなく、報酬制度も考えるべきだ。トレーニングが拷問の毎日で、目に見える息抜きもなければ、長続きはしない。とりわけつらいレッスンやワークアウトも、トンネルの先に光があれば乗り越えられる。報酬はワークアウトのあとにお気に入りのおやつ（スムージー）を楽しんだり、金曜日にお気に入りの食事（ピザ）を食べたり、３カ月経った時点で新しいガジェット（ｉＰａｄ）を買ったりするといった単純なものでかまわない。

何よりも大切なのは、いっぺんに何でも欲しがって躍起になりすぎないこと。ここでのレッスンはその始まりにすぎない。トレーニングは一生続く。

レッスン1：足

足の構造と機能

昔むかし、狩猟民や採集民がナイキのシューズを持たなかったころのこと。彼らはモカシンやワラーチ、足を守るための薄くしなやかな靴底のサンダルを編みだした。それは分厚いヒールのない最小限の履物だったため、彼らは体の設計に即した動き方をしていた。

ランニングシューズが激増した1970年代以前に人がどんなふうに走っていたかを手軽に感じるには、靴を脱いで10メートルか20メートル走ってみればいい。かかとで着地するのが痛くて非効率なこと、フォアフットで着地するのが心地よくて理にかなっていることがはっきりする。だからといって、いつでもとにかくはだしで走れと言っているのではない。最適なバイオメカニクス（体の動き方）とは、体の構造をサポートするものであり、逆らうものではないと説明したかっただけだ。このレッスン1では、足の構造と機能について探っていく。

足の構造は、形が機能をどのように満たすかを示す、奇跡的でエレガントな一例だ。人間の片足には、26本の骨、33個の関節、107本の靭帯、19本の筋肉、38の腱がある。両足で52本の骨は、全身の骨の約25パーセントに相当する。**筋肉と腱と靭帯、関節、骨から成るこの複雑**

な基盤は体の衝撃吸収システムだ。レッスン1では、このすばらしいシステムをランニングとの関係で見ていこう。

古代ローマの凱旋門が証明しているように、アーチ構造ほど、弾力性に優れた頼もしい構造はない。アーチ構造は重さを外と下方向に移動させ、空間の荷重を減少させる。これこそが、自然が足に与えたデザインだ。だがローマの橋とは違って、私たちのアーチは二役をこなすことができる。体重という荷重を支え、着地の際にはつぶれて衝撃を減らしてくれる。また、足のアーチには生来のバネ作用があり、（コイルのように）圧縮することで着地の衝撃を軽くし、（バネのように）拡張することでこの位置エネルギー（高さやバネの伸びなど、物体がある位置にあることで蓄えられるエネルギー）を運動へと放出する。ところが、かかとで着地してしまうと、このバネ装置を取り上げることになる。というより、体の構造的な正道を踏み外してしまう。バネのような後押しで次の一歩へと推進するのではなく、一時的にブレーキをかけてしまうからだ。アメリカの陸上チームのコーチを長年務めるロドニー・ウィルトシャーが、かかと着地が効率的ではない理由を端的に説明している。

「生体力学的に言うと、かかとで着地をすると、文字どおりブレーキをかけていることになる。優れたランナーは一歩ごとにブレーキをかけたりはしない」

体がどう走ることを望んでいるかは、足の骨からもわかる。足指の骨（趾骨《しこつ》）と、足のブリッジを形成する大きな中足骨は、太さがまちまちだ。圧倒的に大きくて太いのは、親指の骨と、親指につながる中足骨。こうした骨が長い時を経て大きくなったのは、より大きな重さに耐えなければならなかったから。応力と重い負荷に耐えるために順応して太くなったのだ。このせっかくの設計と、それに伴う運動パターンの英知に従わないと、たいていは怪我（さらには効率の悪い動き）につながる。

小さな足指は、足の位置の認識を高める働きをするものであり、衝撃を受け止めるものではない。

歩くときには確かにかかとが先行するが、歩行時は走行時とは衝撃も歩幅も違い、飛行期のような段階もないからだ。

技術：フォアフット着地分析

ランニングコミュニティでは、ベストな着地についてだけでなく、その言葉の定義についてもさまざまな声がある。フォアフット着地とミッドフット着地が同じ意味で使われる

■人間の足の骨

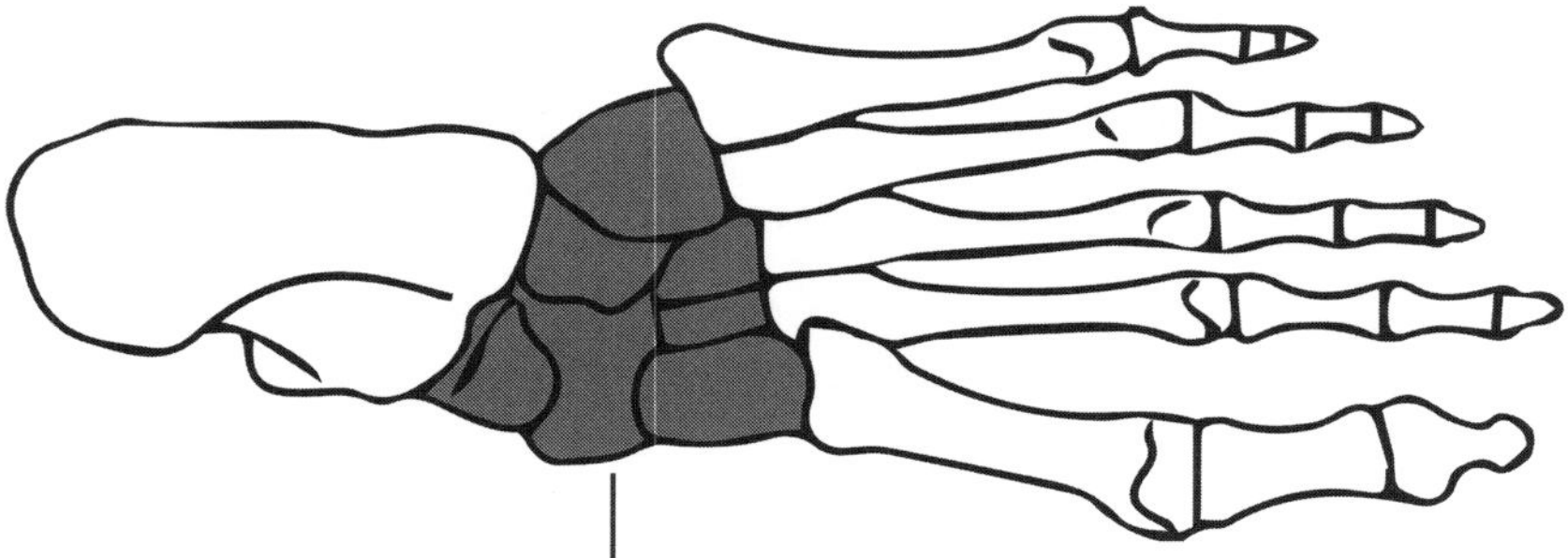

人間の足は26本の骨から成り、3つの部分に分けられる。

こともあれば、別の定義を与えられることもあるからだ。本書で推奨する唯一の着地、フォアフット着地にスポットを当てる前に、まずは着地について定義しておこう。

・**かかと着地**――かかとから着地

・**ミッドフット着地**――かかとと指球部に同時に体重を均等にかけて着地。フラットフット着地と呼ばれることもある。ポーズ・メソッドのクリニックでは「ユニコーン着地」と呼んでいる。ビデオ分析すると、ランナー自身はミッドフットだと主張しても、じつはめったにできていない幻の着地だからだ（前章での知覚に関する説明を参照）

・**フォアフット着地**――指球部で着地

もう一度繰り返そう。ランナーにとっては、フォアフット着地が唯一自然な着地だ。どう着地しようと、フォアフットに乗って初めて体は前に傾く。そこで単純な質問だ。次の作用点にじかに着地できるのに、かかと着地のような脱線した動きで、なぜランニングに不可欠な要素を先延ばしにするのだろう？　ランニング動作は多くの動きと同じく、スライド映写のようなフレームシーケンスに分割できる。

■着地の種類

かかと着地

ミッドフット着地

フォアフット着地

▼フレームシーケンス

・**最初のフレーム**――足は接地の準備の際にわずかに回外する（足の外側が地面のほうに倒れ、親指が12時の方向にわずかに持ち上がる）。

・**真ん中のフレーム**――接地すると足は内転し、バネ装置が圧縮されるのと同時に親指側に回内する（わずかな回外と回内も自然な接地の一環。次ページの画像を見ると、指球部がななめに傾いているのがわかる）。

・**最後のフレーム**――バネが伸びて指球部と親指の上の体重が抜ける。

・**結論**――フォアフットでの着地は体重の衝撃をやわらげるほかにも、筋・腱弾性系を解放して衝撃とエネルギー消費を軽減しながら、次の一歩へ送り出す役目も果たす。

一方、かかと着地ではこの見事に進化した装置が無視され、足首と膝と股関節がラン

■フォアフット着地のフレームシーケンス

ニングの衝撃に耐えなければならない。その結果、あってはならないほど怪我のリスクが高まる。

ドリル：体重知覚

体重が足のさまざまなパーツのどこに乗っているかで、その人のマインドセット（外に向けての態度や願望）がわかる。かかとに乗っているなら、その人は動きたくないということで、そのマインドセットが生理状態にあらわれている。一方、フォアフットに乗っているなら、いつでも動けるし動きたいと思っていて、その願望が生理状態にあらわれるのだ。

このドリルの目的は、体重が足の部位を移動する際の体重知覚を養うことにある。ランニング日誌の「集中ポイント」に、「体重をど

■接地直前の足の自然な角度

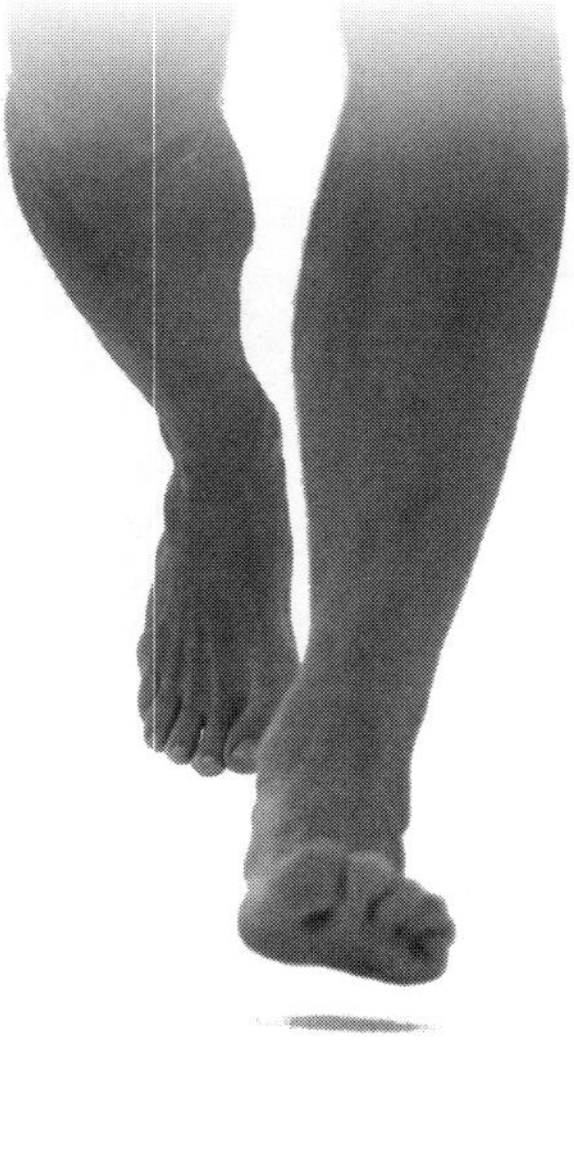

う使うか、抜重を足がどう助けるかを探っていく」と書き込もう。通常、こんなことを考える必要はない。足が代わりにしてくれるからだ。だが、体重の力学が働いているのを意識的に探ることで、運動エネルギーに耐えてそのエネルギーを動く肉体へと戻す、生まれ持ったバネ装置への理解が深まるだろう。準備運動をする間も常に体重のことを考えつづけること。筋肉や骨や腱や靭帯が体重をどう支え、動かしているかを意識するようにしよう。

それでは実際に、次ページからの体重知覚ドリルを行っていこう。目標は、足のどこに体重を感じるかについて知覚を高めること。いずれは短い微妙な体重移動も感知できるようになるはずだ。

ドリル 1-1

体重知覚ドリル 1

1. 靴を脱ぎ、弾力姿勢（P30）をとって、体がどの方向にも動く準備ができているのを感じる。

2. 足の上で体重を前後、左右、円を描くように（時計の針のように）ゆっくり動かす。

3. 体重を乗せる位置を絞って次の特定の場所に圧をかける。
   A. 指球部
   B. かかと
   C. かかとと指球部に均等の体重
   D. 足の外縁
   E. 足の内縁

4. 最適な位置（指球部）に体重を戻す。

5. 体重移動のスピードを徐々に上げてこれを繰り返す。

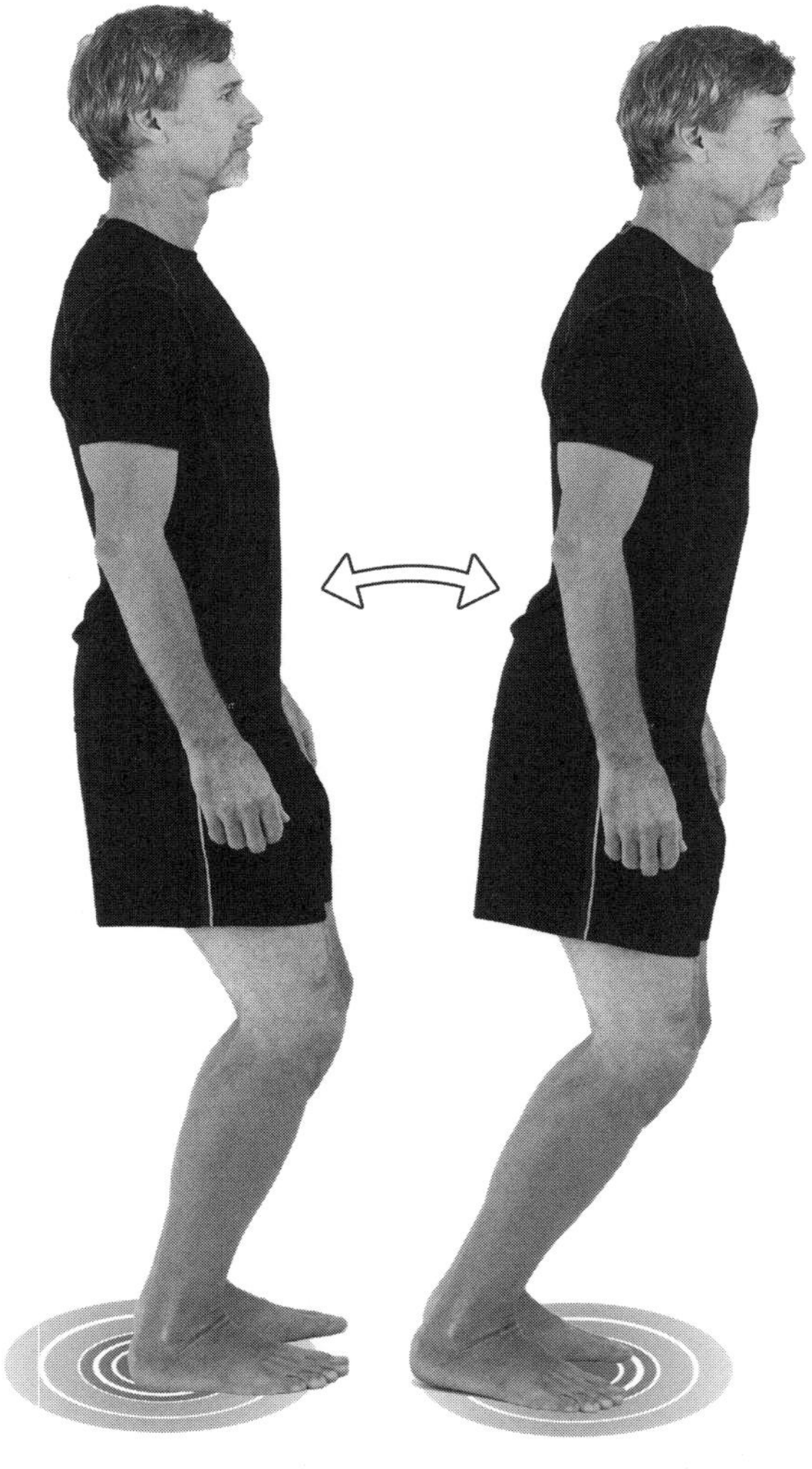

ドリル 1-2

体重知覚ドリル 2

1. 靴を脱ぎ、弾力姿勢（P30）をとる。このとき、体はどの方向にも動く準備ができている。

2. その場で軽く走り、足のバネ作用を感じながら着地ごとにそれを心に留める。

3. 足のどの部分で着地しているかに注意する。かかとか、ミッドフットか、フォアフットか？（その場で走るとほとんどの人は指球部で着地する）

4. 足は体に対してどこに着地しているか？　体の真下か？　前か？　うしろか？

5. 着地ごとにその感覚が足首、膝、股関節と、体をのぼってくるのを観察する。

6. 空間のなかで全身を知覚する。アライメントはどうか？　ランニング姿勢はどうか？　さまざまな段階で姿勢はどう変化し、どう同じ状態を保っているか？　背中は丸まっているか？　頭の位置はどこか？

7. 上半身の位置を変える。まっすぐに立てる、前かがみになる、うしろにのけぞる。どの位置がランニングに最適に感じられるかを心に留める。

ワークアウト

このワークアウトは体力的につらいものではない。自分の足を知ることに尽きる。自分の体重と準備についてもう一度よく知りたいと感じたら、いつでもまた繰り返せばいい。

1 ランニング日誌に「集中ポイント」を記入する。
2 いつもの立った姿勢から弾力姿勢（30ページ）に変える。アライメントを確認する。正確な弾力姿勢が直感的にとれるようになるまでこの練習を続ける。最低でも5回繰り返す。
3 レッスン1に取り組む日には、体重知覚ドリルの1と2（118、119ページ）の両方を最低3回は行う。ドリルは空き時間にも実践できる。
4 動画を撮ってくれる友人を募集する。
5 1分か2分の短いランニングを行い、フォームをビデオに撮る。
6 筋力トレーニングは各エクササイズを8回行う。
7 日誌に「セッション後の振り返り」を書く。毎回、高尚なことを書かなければと神経質になる必要はないが、セッションについていくつか自分の考えを書きとめるのを忘れないこと。またここは次のワークアウトの目標を書き出すのにベストなタイミングでもある。次のセッションに備える手段として目標を再確認する。

レッスン2：ランニング・ポーズ

ポーズの概念

このレッスンではランニングの「ポーズ（構え）」について説明する。ほかのふたつのフレームである「フォール（前傾）」「プル（支持足の引き上げ）」は、このポーズがもとになっている。先ほども触れたように、フレームとは、一連の動きのなかで重要な瞬間をとらえたフィルムのコマのようなもの、瞬間を切り取ったものだ。

ランニング・ポーズの概念は、従来の考え方とはかけ離れている。これまで、最適なランニングには普遍的なパターンはないとされ、ランニングは個性的なもの、よって自分にとってベストと思えるなら、それがかかと着地だろうとなかろうと、みんなその走り方をすればいいと考えられてきた。だが私は、ランニングには万人に共通の生体力学構造があると考えている。ランニング・ポーズとは、ランニングの不変の3要素、走るときに人間の体が必ず経る基本要素のひとつだ。3つの要素とは、ランニングの「ポーズ」「フォール」「プル」のことを言う。優れたランナーは効率的に、並のランナーはそこまでとはいかないが、走るときには誰もがこれを行う。次に示す3つの連続画像は、異なる3段階のスピード（高速、中速、低速）で走るエリートランナーや市民ランナーがみな「ポーズ」を経ることをフレームごとに示している。各ポーズのフレームは濃く強調されている。ランナーのスピードや経験にかかわらず、ポーズの段階を通っているのがわかるだろう。

ランニング・ポーズは、全体重に加え、走るスピードによって負荷が増大した状態で地面と接触する瞬間の姿勢だ。これは片脚に乗っていること以外は弾力姿勢と同じで、ボールでいえばテーブルの端や山のてっぺんにあるような、加速に向けた体の最大位置エネルギーに相当する。その潜在能力を最大化したければ、この姿勢での安定性とアライメントが不可欠となる。

■フォアフット着地のフレームシーケンス（濃いフレームがランニング・ポーズ）

短距離走の連続画像

ランの連続画像

ジョグの連続画像

技術：ランニング・ポーズをとる

ここでは、正確にランニング・ポーズをとるための技術を身につけよう。**正しいランニング・ポーズがとれていれば、支持脚の指球部から股関節、肩関節、頭までを一直線で結ぶことができる。**これでフォールにいつでも移れると感じるはず、というより移りたいと感じるはずだ。その理由は次のレッスンで説明しよう。ひとまずは信じてもらうしかない。

▼ランニング・ポーズ

1　弾力姿勢（30ページ）をとる。
2　右足を股関節の下で引き上げ、右の足首が左の膝と同じ高さになるようにして下半身で数字の4をつくる。
3　左腕を上げてバランスをとる。
4　支持脚のかかとはまだ地面にわずかにつけたまま、体重を指球部に移す。
5　支持脚の膝を、つま先のすぐ上に来るように曲げる。
6　支持脚側の股関節をわずかに曲げて指球部の真上に来るようにする。このとき肩は股関節の真上に来る。

■ランニング・ポーズ（構え）

ドリル：ランニング・ポーズ

このドリルの目的は、足のどこで体重を感じるかの知覚を高め、バランス感覚を養うことによって、ポーズの姿勢を心身にしっかり覚えさせることにある。いずれ、あまり姿勢を変えなくても短い微妙な体重移動が感知できるようになるはずだ。

ドリル 2-1

ランニング・ポーズでの体重知覚ドリル

1. ランニング・ポーズ（P124）をとる。

2. 指球部の圧迫を感じ、ランニング・ポーズと二本脚で立っているときとの感覚の違いに注意する。アライメントにどこか弱点を感じるか？

3. 支持足の上で圧をかける場所を変える。体重を足指、かかと、かかとと指球部に均等に、足の外側、足の内側……と順にかけていく。体重を移したとき、それぞれどの筋肉が活性化されていると感じるか？

4. 今度は最適位置である指球部に体重を戻す。

5. 支持足を変えて繰り返し、左右の脚で違いを感じるかに注意する。

＊ランニング・ポーズでは、支持足の指球部から股関節、肩関節、頭までが一直線で結べる。

ドリル 2-2

ランニング・ポーズ保持のドリル

1. ランニング・ポーズ（P124）をとる。
2. 膝をうしろに引いたり前に上げたりしていないことを確認する。ランニングの正しいポーズ（真ん中の画像）は上げたほうの足が股関節の下に来る。
3. 指球部の圧迫を感じる。
4. ランニング・ポーズを10〜20秒保持する。このとき筋肉よりもバランスを使って指球部に圧をかけつづける。バランスを崩したら、そっと指球部に圧を戻す。
5. 脚を替えて繰り返す。

ワークアウト

このワークアウトの目的は、**正しいランニング・ポーズを維持するために筋力をつけて運動協調性を養う**ことにある。姿勢を習得し、このレッスンのふたつのドリルを左右の脚で難なく3セットこなせるようになるまでレッスン3には進まないこと。

1　ランニング日誌に「集中ポイント」を記入する。

2　ランニング・ポーズを保持しながら、パワーポジション（運動時に最も力を発揮しやすい姿勢）の重要ポイントである指球部や関節のわずかな屈曲などの知覚に意識を集中する。回数は段階的に3回まで増やしていく。ポーズに対する直感的感覚を養うために、足から頭までのアライメントを確認する。スタティックホールド（筋肉に負荷がかかった状態で静止）をしながらも、動こう、体を前に倒そうという意志は維持する。

3　1分か2分の短いランに出て、着地のたびにランニング・ポーズを再現してみる。

4　筋力トレーニングは各エクササイズを8回行う。

5　日誌の「セッション後の振り返り」にはポーズを体験して気づいたことなどを記録する。ふつうに二本の脚で立っているときとの違いをどう感じたか？　バランスとアライメントを保つのは大変だったか？　足の上で圧をかける位置を変えたときとポーズの姿勢で静止したとき、いちばん強く感じられた筋肉と弱く感じられた筋肉はどこか？　次のトレーニングセッションの目標は？

レッスン3：フォール

フォールの概念

どれほど突飛に聞こえようと、自然な走りとは単なる自由落下（フリーフォール）にすぎない。落下と立て直しを何度も繰り返す。**落下（ただし転倒せずに）の鍵となるのは、重力の力を利用して体の動きを前へと推進することにある。**

重力はどんな動きにも影響する。重力がなければ人は大気中に浮かんでしまう。ジャンプのたびに、私たちは重力を体験する。ボールを落としたときのように垂直方向の地面に引き戻される。そして、**体を前に倒すとき、重力は体のトルク（回転させる力）に作用する下向きの力ベクトルになる。これがポーズ・メソッドの中心にある最も重要な物理学の概念だ。**

重力によるトルクは、股関節（体の重心）が支持足（物理的には回転軸）を通過するときに発生する。立っているボウリングのピンを考えてみよう。そのピンをゆっくり前に押すと、重心が支持基底面を越えてピンが前に倒れる瞬間がある。水平方向に押したからではなく、下向きの重力がピンの重心に作用するからだ。人が速く効率よく走るには、重力トルクを利用する力（体を前に倒すこと）が鍵となる。

■重力によるトルク

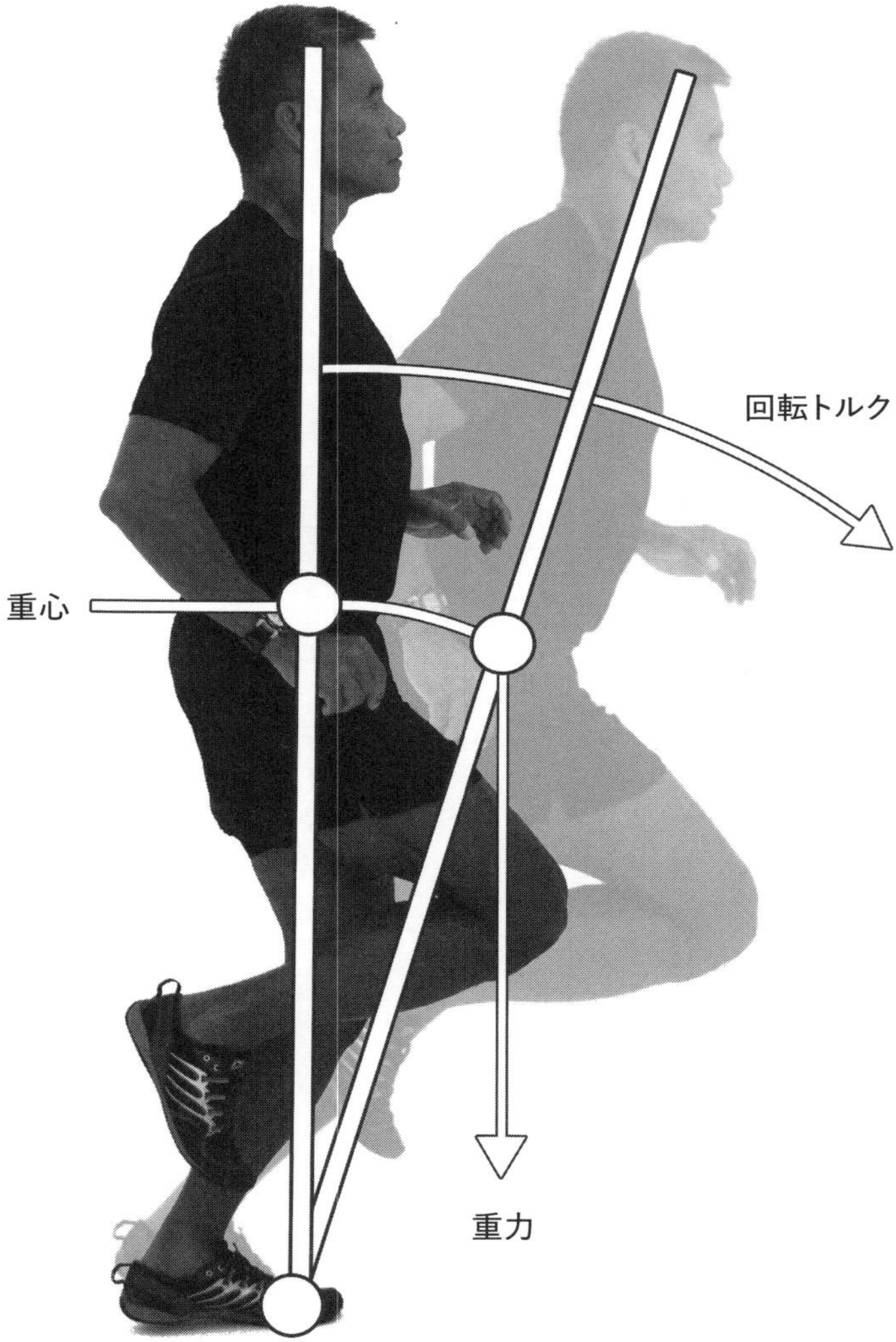

この主張は、ランナーのスピードと前進運動は脚の活発な伸展と腿上げ（ランニングの推進段階を引き起こすと昔から考えられてきた筋肉活動）がもたらすという従来の考えに逆らうものだ。

ここで、ペンシルヴェニア州立大学の研究チーム（マクレイ、レイク、カヴァナー）に登場してもらおう。１９９０年、この思い込みに真っ向から立ち向かった面々だ。彼らは筋電図センサーを使ってランニング中の筋活動を調べた。その信頼できる結果によると、ランニングの推進期では伸筋（太腿の大きな大腿四頭筋）が活性化していないことがわかった。伸筋は、地面を押しやるあいだに最も活性化すると研究者らが想定していた筋肉だったが、実際はスイッチを切っていたのだ。多くの人間が混乱して頭をかきむしった。この結果は疑いようがなく、ランニングは脚で

■伸筋パラドックスを生んだ研究

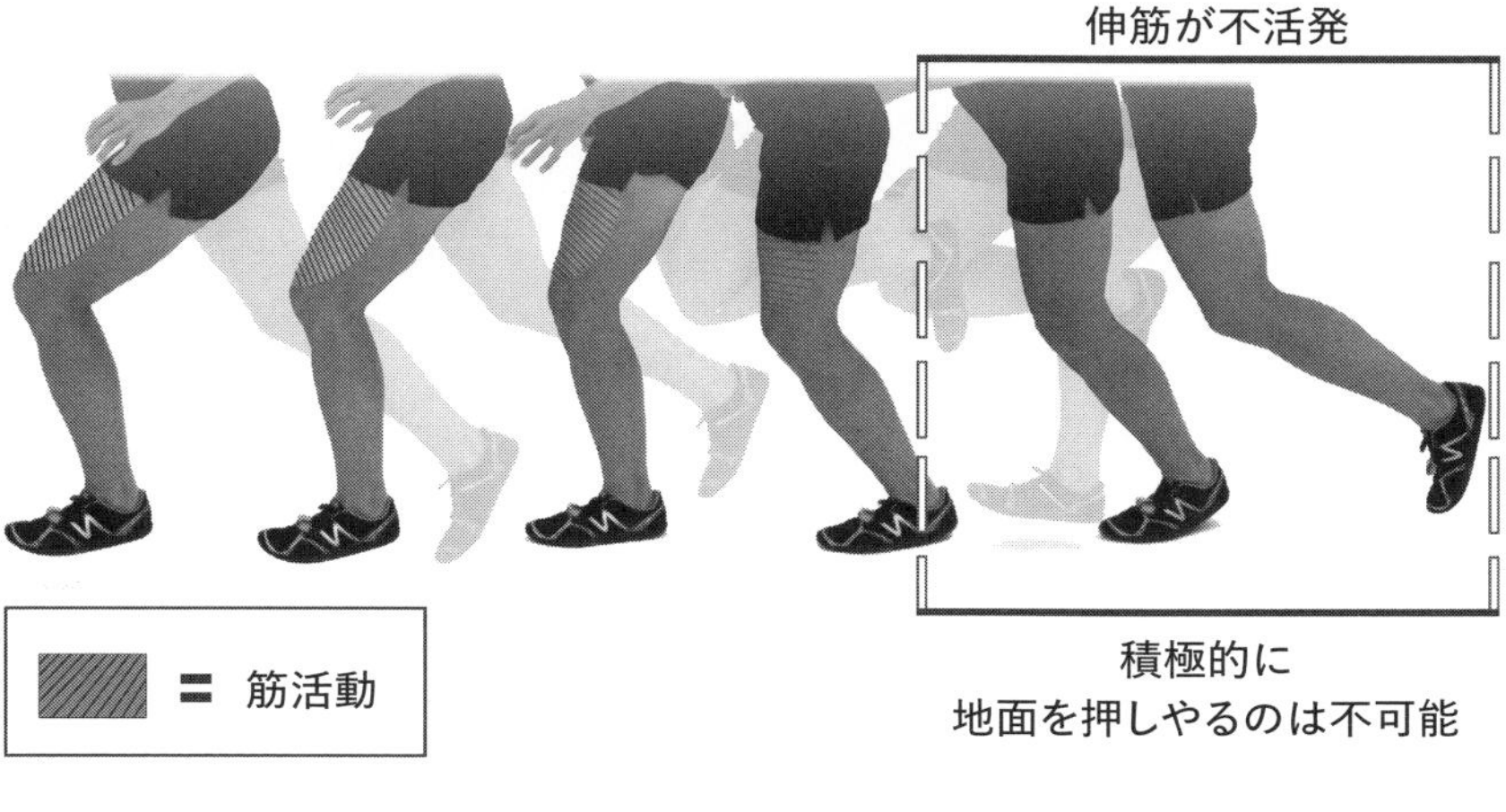

推進するものという従来の理論的枠組には収まらずに、「伸筋パラドックス」のレッテルを貼られることとなった。その名前こそが、20年以上にわたって、スポーツ科学者やコーチらがいかに当惑してきたかを示している。

だが、私やポーズ・メソッドの門下生にしてみれば、この研究は少しも混乱をきたすものではなかった。ペンシルヴェニア州立大学の研究は、前進には重力こそが最も効率的で強力な力だという私の理論を裏付けたからだ。つまり、ランニング・ポーズから前傾しはじめると、体は自動的に大腿四頭筋のスイッチを切る。自分の体重と体の倒れる角度（トルク）が前方への推進力となり、筋電図データが示すとおり、スイッチを切る合図を出すのだ。

技術：体の倒し方

体を倒すのは簡単ではない。「走るときには地面を押しやって前に進むもの」と体に深く刻まれた運動パターンや考えを克服しなければならないからだ。準備運動が終わったら、「走るときに体を前進させる」と筋肉に刻まれた動きの全パターンについて考えてみよう。柔軟体操で関節を可動域いっぱいまで動かし、筋肉を弛緩させながら、その筋肉が走るときにどう働くかを想像してみる。いまからそのパターンを新しい走り方で革命的に変えていこう。

方法は次のとおり。

■フォール（前傾）

▼フォール

1　弾力姿勢（30ページ）をとる。

2　アライメントを保ちながら股関節（体の重心）を指球部（支点）の上で前に出していく。股関節が指球部を越えてかかとが地面から浮き、体が倒れはじめる転換点がある。体のバランスを保っている固定筋を解放することに集中し、自由落下で前に倒れる。このとき全身を一本の棒のようにして倒す。

3　重力が優位になると選択肢はふたつ。顔から倒れるか、片脚を前に出して体を支えるかだ。私は片脚を出すことをおすすめする。これは、いわゆる信頼ゲームと似ている。うしろに倒れていくとパートナーが体を受け止め、地面に叩きつけられないようにしてくれるゲームだ。ただこの場合は、自分で体を受け止める。

4　同じ手順を繰り返すが、今度はランニング・ポーズ（124ページ）から始める。ポーズをとりながら支点（指球部）の上で体を一本の棒のようにして、ラインを保ったまま倒れるようにする。倒れること、解放することへの知覚を高めるようにする。

■体の倒し方

弾力姿勢から自由落下で
ランニング・ポーズへ

ランニング・ポーズから
自由落下で支持脚を交替

ドリル：倒れ込む

このドリルの目的は認識を変えることに尽きる。前進するために筋肉を使うという考えを捨て、自由落下という考えを受け入れなければならない。

ドリル 3-1

弾力姿勢から壁への倒れ込みドリル

1. 壁に向かって90cm ほど離れたところに弾力姿勢（P30）で立つ。
2. 倒れる準備をする。
3. 支点である指球部の上で股関節を前に出すことによって、体を倒す。倒れながらも弾力姿勢を保ち、足首はリラックスさせておく。
4. 両手で体を支える。手をついたときに股関節は安定したままで、それ以上前に出ないようにする。倒れかかっていた上半身が止まったときに股関節も止まらなければならない。
5. 自由落下で倒れ込むのに慣れるまで繰り返す。

ドリル 3-2

ランニング・ポーズから壁への倒れ込みドリル

1. 壁に向かって90cm ほど離れたところにランニング・ポーズ（P124）で立つ。
2. 倒れる準備をする。落下を止めるために両腕を胸の高さで前に出しておく。
3. 支点である指球部の上で股関節を前に出すことによって、体を倒す。倒れながらもランニング・ポーズを保ち、足首はリラックスさせておく。
4. 両手で体を支える。倒れかかっていた上半身が止まったときに股関節も止まらなければならない。
5. 脚を替えて繰り返す。

ドリル 3-3

ティンバードリル

1. ランニング・ポーズ（P124）をとる。

2. 体を木のように倒す（「ティンバー！」＝木が「倒れるぞ！」という叫び声）。やはり倒れながらもランニング・ポーズを保ち、足首はリラックスさせておく。

3. 支持脚と反対の足の指球部で着地して体を支える。股関節は安定したままで、それ以上前に出ていかないようにする。

4. 着地したのと反対の足を引き上げてランニング・ポーズになる。

5. 脚を替えて繰り返す。

ワークアウト

レッスン3のワークアウトは倒れる感覚を体に定着させることがすべてだ。絶えず続けていくことが鍵となり、しっかり体得するためにも、レッスン3だけでなく前のレッスンで習得したドリルもすべておさらいしていこう。ここから先、各レッスンのワークアウトによってはドリルの回数が増えていく。

1 ランニング日誌に「集中ポイント」を記入する。
2 体重知覚の3つのドリル（118、119、127ページ）を行う。
3 ランニング・ポーズ保持のドリル（128ページ）を片脚それぞれ20秒、3セット行う。
4 弾力姿勢から壁への倒れ込みドリル（139ページ）を3回、ランニング・ポーズから壁への倒れ込みドリル（140ページ）を片脚3回ずつ行う。倒れ込むのに慣れてきたら、壁からの距離を離してドリルの難易度を上げる。
5 ティンバードリル（141ページ）を支持脚それぞれにつき3回行う。
6 1分か2分の短いランに出て、一歩ごとにポーズの姿勢で着地するようにする。走るときはいつも「倒れたい」という願望に意識的に働きかける必要がある。
7 筋力トレーニングは各エクササイズを8回行う。

8

日誌の「セッション後の振り返り」には、前に倒れ込む技術について気づいたことなどを記録する。前に倒れて接地するときもポーズを完全な状態で維持できていたか？　指球部で着地していたか？　指球部での着地は本当に体を倒したことに伴うものだったか？　次のトレーニングセッションの目標は？

レッスン4：プル

プルの概念

このレッスンでは、ランニングとウォーキングとを分ける段階に入る。両方の足が地面から離れる飛行期だ。従来の考えでは、ランナーを前進させて飛行期へと進めるには地面を押しやることが必要とされてきたが、自然な走り方に必要なのはその逆だと私は考えている。飛行はフォール期の最後に支持足を地面から引き離すことで起きるもので、そのあと、遊足（支持足とは逆の足）がポーズの姿勢で着地する。**ポーズは足を引く「プル」の先にあるターゲットだ。**

地面から離れて飛行期に入るには、複数のメカニズムが作用する。まずは弾性あるいは反動の効果で、これは肩、腕、遊脚の抜重動作（スイング動作）によって生まれる。次に、前に倒れ込むフォールのあいだ、体重が支持脚から離れて地面にかかっていた圧力が消えたときにもメカニズムが作用する。

■プル期

技術

プルは、股関節の真下で支持足を地面から上げるという単純な動作だが、そのタイミングは振り出した遊脚が支持脚を越え、倒れ込んだ体を支えるために地面に向かって下りはじめるときが理想的だ。この動作が、両脚が地面から離れる飛行期へと投入してくれる。

足を上げる一連の基本的な流れは次のとおり。

▼プル

1 足はニュートラルポジションのまま（つま先を上に向けたり下に向けたりしない）、股関節の前でもうしろでもなく真下で上げる。

2 ポーズのアライメントを保ちながら体を前に倒しつづけると、この足が自然と振り出されて体を支える。

■プル（支持足の引き上げ）

ドリル 4-1

支持脚交替ドリル

1. 左脚で立つランニング・ポーズ（P124）の姿勢からスタートする。右足が下りる前に左足を股関節の下で地面からどう上げていくかに集中する。

2. 体を倒して右脚を振り出す。

3. 右足が左の脚を通過したら左足を股関節の下で浮かせる。このあいだも右足はまだ宙に浮いたまま、体を支えるために体重を右脚のほうに移す。支持脚を替える際に肩をすくめて体重を抜く。

4. 筋肉を使わずに右脚を自然に下ろす。このとき指球部に完璧なポーズの姿勢で着地する。

5. 脚を替えて繰り返す。股関節の下で右足を引き上げ、体重を移動し、完璧なポーズで左足で着地する。

支持脚交替ドリル

これは静止位置で支持脚を交替しなければならないので、難しいドリルになる。実際に走っているときには、重力（前傾）と勢いが支持脚の交替を助け、次の一歩が出る。ここでのドリルはすべて、ランニング上達のために知覚と筋力を養う課題を提示することが目的だ。そのため、ドリルは必ずしもランニングと同じではない。ピアノでスケールを練習するのがバッハの曲を弾くのと同じでないのと一緒だが、やはり、スケールの練習は役には立つはずだ。初めのうち、苦労するようなら、足を引き上げる動作の先駆けとなるように支持脚の膝を少し曲げて関節と筋肉に負荷をかけてもいい。これを片足ずつ、着地の際に指球部を中心に体重を乗せるように集中して行う（単なるその場での駆け足にならないように！）。

ワークアウト

1　ランニング日誌に「集中ポイント」を記入する。
2　体重知覚の3つのドリル（118、119、127ページ）を行う。
3　ランニング・ポーズ保持のドリル（128ページ）を片脚それぞれ20秒、3セット行う。
4　弾力姿勢から壁への倒れ込みドリル（139ページ）を3回、ランニング・ポーズから壁への倒れ込みドリル（140ページ）を片脚3回ずつ行う。このときチャレンジとして壁からの距離を徐々に離していく。

5　ティンバードリル（141ページ）を支持脚それぞれにつき3回行う。変化をつけるため、遊足を上げる高さを支持脚の足首、ふくらはぎ、膝へと変えてみる。

6　支持脚交替ドリル（148ページ）を10回行う。1回ごとに3秒の休憩をはさむ。

7　1分か2分の短いランに出て、足を上げること、新しい動きのパターンの身体感覚に集中する。

8　筋力トレーニングは各エクササイズを10回に増やす。

9　日誌の「セッション後の振り返り」には、プルの段階でうまくできたことについて記録する。支持脚が地面から離れて引き上げられたのは、もう一方の足が地面に下りていく前だったか？　遊脚は筋肉を使わずに地面に下ろしたか（すべて重力に任せたか）？　どうやって慣性力を克服して（重力や勢いの助けなしに）支持脚を替えたのか？　次のトレーニングセッションの目標は？

レッスン5：フレームをつなぎ合わせる

走り方分析

これまでは、走るといったら、コースや距離や速度のことを考えただろう。そして走っているあいだは、雑音（仕事や夕食のことや人間関係の問題など）に頭を明け渡してしまっていたか、もしくはｉＰｏｄとつながっているかだったのではないだろうか。だが、初めのほうでも触れたとおり、新しい走法を習得するにはランニングのプロセスにしっかりと意識を向けておく必要がある。このレッスンでは、ランニング中に常に意識を集中させておくべき具体的な事柄を紹介しよう。

従来、ランニングはジェフリー・ダイソンの教科書『陸上競技の力学』によって「支持」「推進」「回復」と定義されてきた。それに対してポーズ・メソッドでは、「ポーズ」「フォール」「プル」をランニングの基本としている。ここまでのレッスンでは、この技術を一度にひとつずつ練習してきた。そろそろすべてをつなぎ合わせていこう。

次の図は、さまざまなランニング要素をフレームごとに示したもので、ランナーがみな通る不変の要素もあれば、多くのランナーが走りのなかで加えている効率の悪い可変の要素もある。

1
かかと着地——かかとでも着地はできるが、これは最適な着地位置ではないし、オーバーサピネーション（過回外）やオーバープロネーション（過回内）を起こしやすくなったり、足首や膝や股関節がロックされたり、足が地面に接している支持時間が長くなるなど、さまざまな理由から怪我の主な原因になる。

2
ミッドフット着地——かかと着地よりはまし（ただし本当に幻のミッドフット着地ができているなら）だが、やはり足が体より前で着地することになり、膝に過剰な負担をかけたり勢いを殺したりしてしまう。

3
フォアフット着地——ポーズ・メソッドの推奨する着地で、ロックされた関節ではなく筋肉と腱に衝撃力を分散し、地面に接している支持時間が最小限になって、

ランニング・ポーズ　フォール　腿上げ　地面の押し込み　プル

脚の弾性が最大化される。

4　**パウイング**——短距離走の分野から来ているBスキップの発想だが、構造的に無理があり、必要以上に地面を激しく叩いて怪我につながる可能性がある。

5　**ランニング・ポーズ（構え）**——技術が未熟か優れているかはともかく、走りのどこかの時点で誰もがこのランニング・ポーズになる（理想的には指球部で）。

6　**フォール（前傾）**——地面から体を押しやることでエネルギーを無駄にするのか、重力に任せてエネルギーを節約するのかはともかく、これもすべてのランナーのフォームに一定の要素。理想的には、体を前に倒して前進するのがいい。

7　**腿上げ**——多くのコーチは勢いを最大限つけるために腿を高く上げろとランナーにアドバイスしてきたが、これは実際に

■フレームで見るランニング要素

かかと着地　ミッドフット着地　フォアフット着地　パウイング

は体の重心を減速させて前への推進力を相殺し、股関節屈筋を緊張させたり、筋エネルギーを無駄にしたりしてしまう。

8 **地面の押し込み**――腿上げと同様に、地面の押し込みもエネルギーを無駄にする。上下運動が増えて前進する推進力にはほとんどならないからだ。さらに地面を押し込む際に伸展する足首の筋肉は、体のなかで最も収縮の速度が遅い筋肉のひとつでもある。

9 **プル（支持足の引き上げ）**――これもすべてのランナーがフォームの一部として必ず通過する段階。正しい姿勢でタイミングよく足を地面から離すことが、より長く、速く走るための秘訣となる。

技術

ポーズ、フォール、プルのすべての段階をつなぎ合わせて、スムーズで効率的な走りにするには、知覚スキルを完璧に磨く必要がある。とはいえ、この段階で完璧は期待しないこと。自分のフォームに取り入れようとしている新しい技術については、少し戸惑ったり確信が持てなかったりするのはよくあることだ。古い習慣は簡単にはなくならない。本書の初めに紹介したランニングの3つの段階にもう一度戻ってみよう。次ページの画像は、フォームの指標を視覚的にわかりやすくしたものだ。頭のなかにイメージが固まるまでこの画像をしっかり観察しよう。

■ポーズ・メソッドの理想的なシーケンス

1　2　3　4　5

1. 初期接地
2. ランニング・ポーズ
3. 体が倒れ込むのと同時にかかとが上がる
4. 遊足が支持脚を通過して支持脚を引き上げたときにフォールの段階が終わる
5. 飛行期

ドリル 5-1

心身のストライドドリル

1. 体力に応じて30〜60秒走る。

2. 60秒間歩きながら次のことを自分に問いかける。

・**ポーズのフレームはどうか？** 支持足の指球部にちゃんと圧を感じるか？ 遊足は股関節の下に来ているか？

・**フォールのフレームはどうか？** 足首は緊張していないか？ 倒れる感覚によって力を使わずに前進しているのを感じるか？ この倒れ込む動作が、ボールが転がるような自然な勢いにつながっているのを感じるか？

・**プルのフレームはどうか？** 遊足が股関節のすぐ下に引き上げられてから反対の足が着地するのがわかるか？

3. 3つのフレームのいずれかで苦労しているなら、そのフレームのドリルを行う。

4. すぐに30秒間走る。

5. ランニング日誌の「リフレーミング」に、ポジティブな批評に的を絞って具体的な感想を書く。

・走りが軽快で楽に感じられた瞬間があったか？

・技術的にすべて完璧だと感じた数歩があったか？

・快調なときはどんな気分か？

・フォームに苦労しているときはどんな気分か？

ワークアウト

このレッスンから、ワークアウトの強度と長さを一段階上げていく。怪我と極度の疲労を避けるため、いくつかポイントを押さえておこう。

まず、このプログラムの肝はプロセスであってパフォーマンスではない。スタート時の体力レベルは人によってさまざまなため、自分のできることをしよう。次に、精神的な習慣をつけるには時間がかかることを覚えておく。雑念が浮かんだら、やるべきことに気持ちを引き戻そう。技術がおろそかになったら、長めに歩いて集中し、それからまた走りはじめること。そして何より重要なのは、疲労が激しいときは回復するまで休むこと、いましていることで怪我をしそうだと感じたらやめることだ。

1　ランニング日誌に「集中ポイント」を記入する。先ほどの3つの姿勢を思い出し、自分の走りにどう取り込むかについていくつかメモする。
2　体重知覚の3つのドリル（118、119、127ページ）を行う。
3　ランニング・ポーズ保持のドリル（128ページ）を片脚それぞれ20秒、3セット行う。
4　弾力姿勢から壁への倒れ込みドリル（139ページ）を3回、ランニング・ポーズから壁への倒れ込みドリル（140ページ）を片脚3回ずつ行う。このときチャレンジとして壁からの距離を徐々に離していく。

5 ティンバードリル（141ページ）を支持脚それぞれにつき3回行う。その際、遊足を上げる高さを支持脚の足首、ふくらはぎ、膝へと変える。

6 支持脚交替ドリル（148ページ）を10回行う。1回ごとに3秒の休憩をはさむ。

7 30秒から60秒のランニングと60秒のウォーキングを交互に繰り返す、心身のストライドドリル（156ページ）を合計10分行う。

8 筋力トレーニングは各エクササイズを10回行う。

9 日誌の「セッション後の振り返り」には、ランニング・ポーズ、フォール、プルを自分の走りに組み込んで気づいたこと、感じたことなどを記録する。疲れたりどこか痛みを感じたりしたか？　雑念は浮かんできたか、それとも精神的に集中していたか？　何かいらいらしたことがあれば、それについて別の角度から見直す。ポジティブな教訓は何か？　次のトレーニングセッションの目標は？

レッスン6：アキレス腱

アキレス腱の役割

「アキレス」は、本来はハッピーな言葉であり、恐るおそる口に出すようなものではない。ギリシア神話でアキレスが唯一の弱点であるかかとを射抜かれて殺されたことから、「アキレスのかかと」が「唯一の弱点」や「急所」の意味で使われることは、この際忘れよう。アキレスはもろい腱ではないし、主な役割は走りの推進段階で足が地面を押しやるのを助けることでもない。もっとも、アキレス腱炎への道を進みたいなら話は別だが。

実際、**人体で最も大きく強靭な腱であるアキレス腱は、着地の衝撃を吸収して前進の動きにエネルギーを返すことが主な役割だ。**その長い弾性組織はふくらはぎの筋肉とかかとの骨をつなぎ、一歩ごとにエネルギーを蓄えてはまたそれを次の一歩に戻している。間違った使われ方をしなければ、アキレス腱が生涯にわたって走りを支えることも難しくはない。

このレッスンでは、かかと着地がそのこととどう関係しているのかを学び、また、地面反力と呼ばれる生体力学現象をうまく利用するために、アキレス腱が果たす重要な役割についても見ていく。

地面反力（GRF）とは、足が地面と接触したときに地面がそれと同じ大きさで押し返してくる力のことをいう。ニュートンの運動の第三法則（すべての作用にはそれと同じ大きさで逆向きの反作用がある）のランナー版と考えればいい。倒れ込む角度が大きいほど、地面反力は大きくなる。足が地面に触れると、筋肉と腱は弓の弦のように伸びて、着地の衝撃の地面反力を吸収する。そして縮んで、弓が矢を放つように吸収したエネルギーを足へと返す。アキレス腱は、バネ緩衝装置とその付属品のような、他の腱と靭帯を含むこの筋・腱弾性系の底部に位置する。

この装置は、フォアフットで着地して初めて効力を発揮する。かかと着地では、走りを助けてくれる人体のすばらしい設計を無駄にするばかりか、かかととフォアフットに二重の衝撃を与えて体にダメージを負わせることになる。何より有害なのは、かかと着地では体がハンマーのように使われて一気に衝撃が来ることだ。一方、フォアフット着地では衝撃がゆるやかに吸収され、バネのように次の一歩に放たれる。次のグラフはこれを示すもので、急上昇しているのはかかと着地、ゆるやかな丸い曲線を描いているのはフォアフット着地を表している。

筋と腱の弾性は、運動科学の世界では「伸張・短縮サイクル」とも呼ばれている。**筋・腱弾性系が効果的に使われて地面反力が活かされると、ランニングのエネルギーコストは半分に抑えることができる。**つまりあまりに強引な走り方をしたり、かかと着地をしたりしなければ、少ないエネルギーでより高いパフォーマンスが発揮できることになる。

■地面反力：かかと着地 vs フォアフット着地

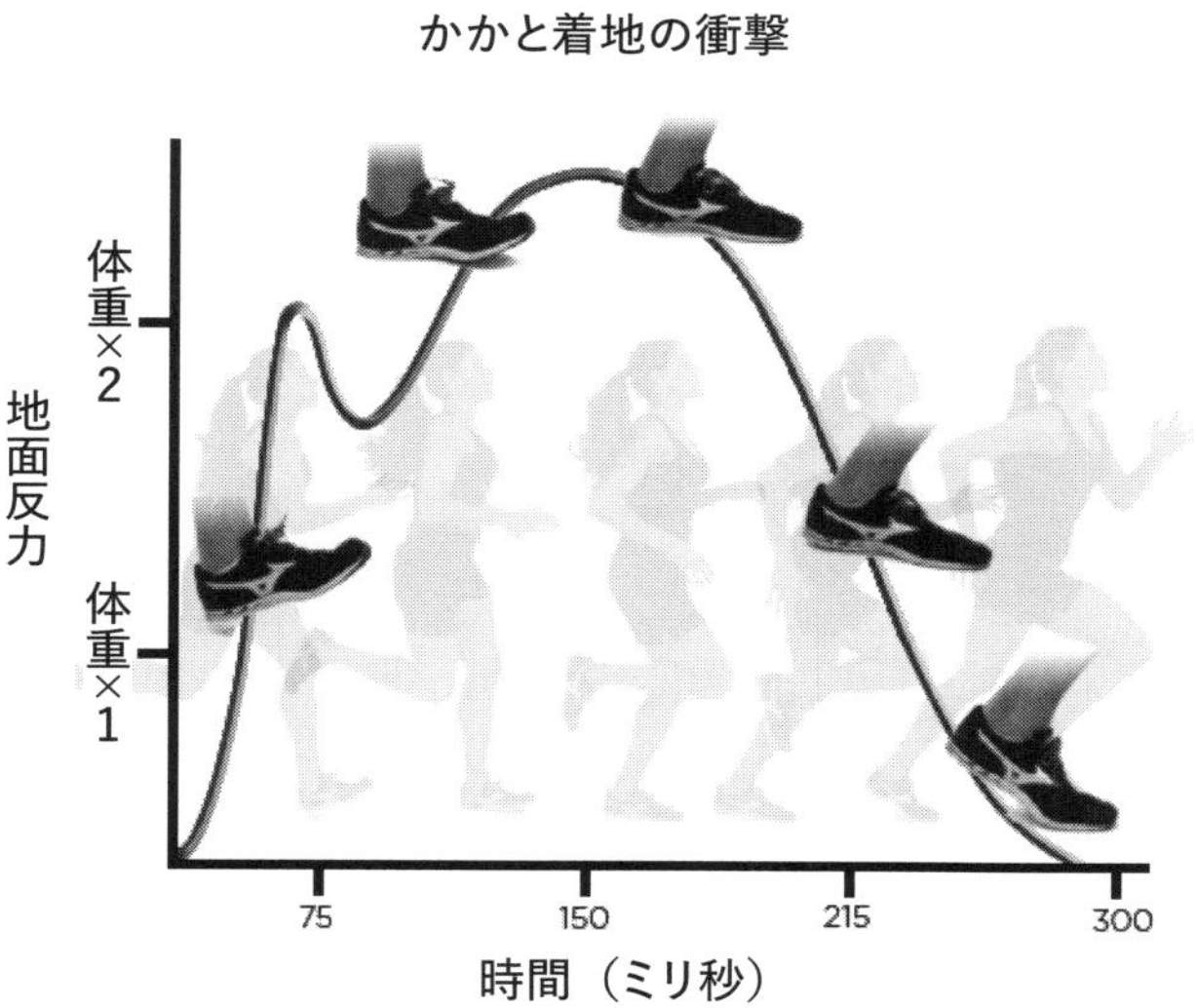

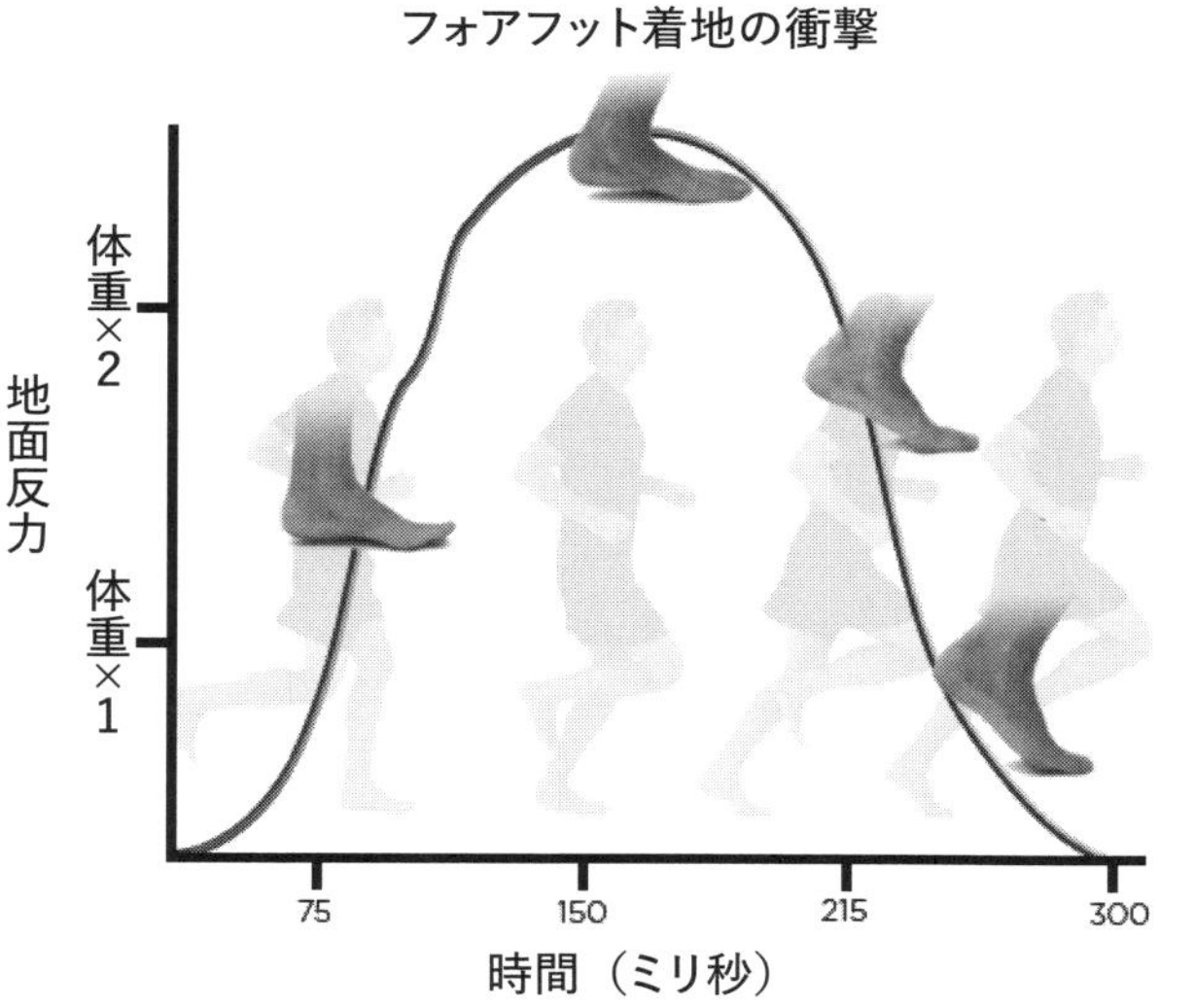

技術：フォアフット着地再び

レッスン1では、ランニングの適切なポーズで着地するには、股関節のはるか前方にかかとから足をつくのではなく、股関節の下に足首が来るようにして指球部で着地しなければならないことを学んだ。だが、技術に組み入れるべきフォアフット着地には、地面反力とアキレス腱まわりの筋・腱弾性系を最大限に活用するために細かなニュアンスがある。

何よりも、**フォアフット着地は積極的な着地ではなく、倒れ込みの結果でなくてはならない。**積極的なかかと着地をただ積極的なフォアフット着地に替えても、怪我の危険性は減らず、最適な走りにもならない。これはベアフットシューズやミニマルシューズのランナーによくある間違いで、彼らはただフォアフットで着地すればすべてが修正されると思い違いをしている。

足を地面に打ちつけるようなストライキングではなく、あくまでランディング（着地）をするひとつの秘訣は、**関節を完全に伸ばしきらないこと**にある。適切なランニング・ポーズで着地していれば、支持脚は胴体と頭とともにS字のカーブを描き、体よりだいぶ前で足を強くつくような着地の可能性は低くなる。

着地の際は、足は素早く静かに地面に接触しなければならない。アキレス腱が伸びて地面反力を吸収する際、かかとは地面に軽くキスする程度に触れるが、体重のほとんどは指球部に残ったまま、筋肉と腱が再び短縮して支持足を解放し、地面から離れる。

■ランニング・ポーズによるフォアフット着地

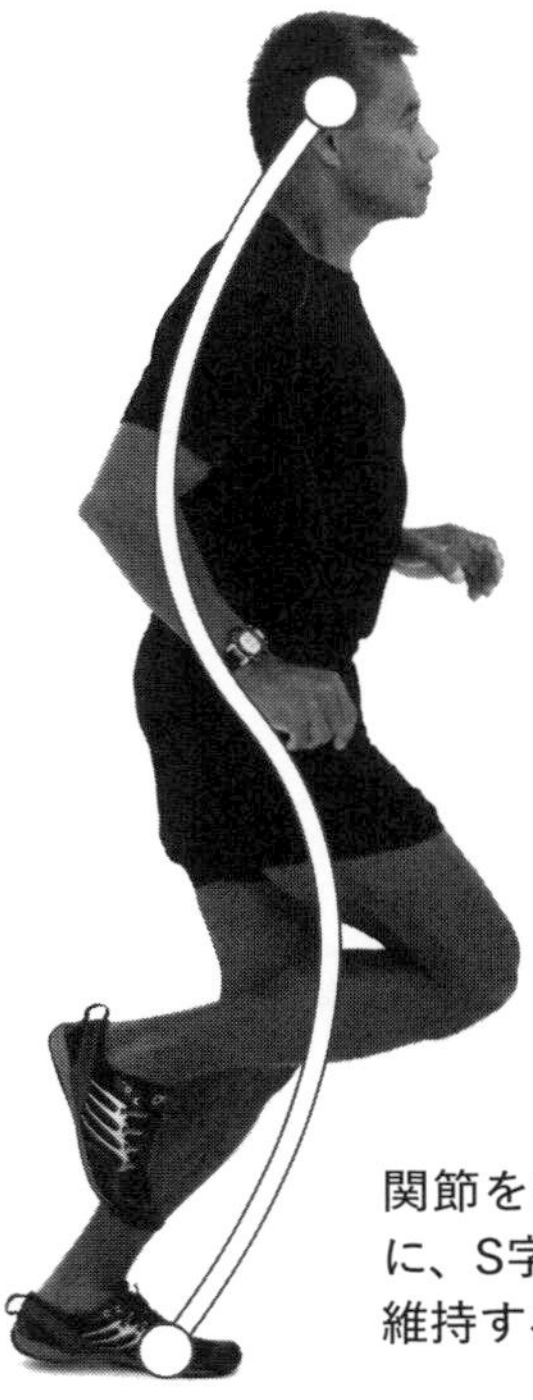

関節を完全に伸ばしきらずに、S字バネのような姿勢を維持する。

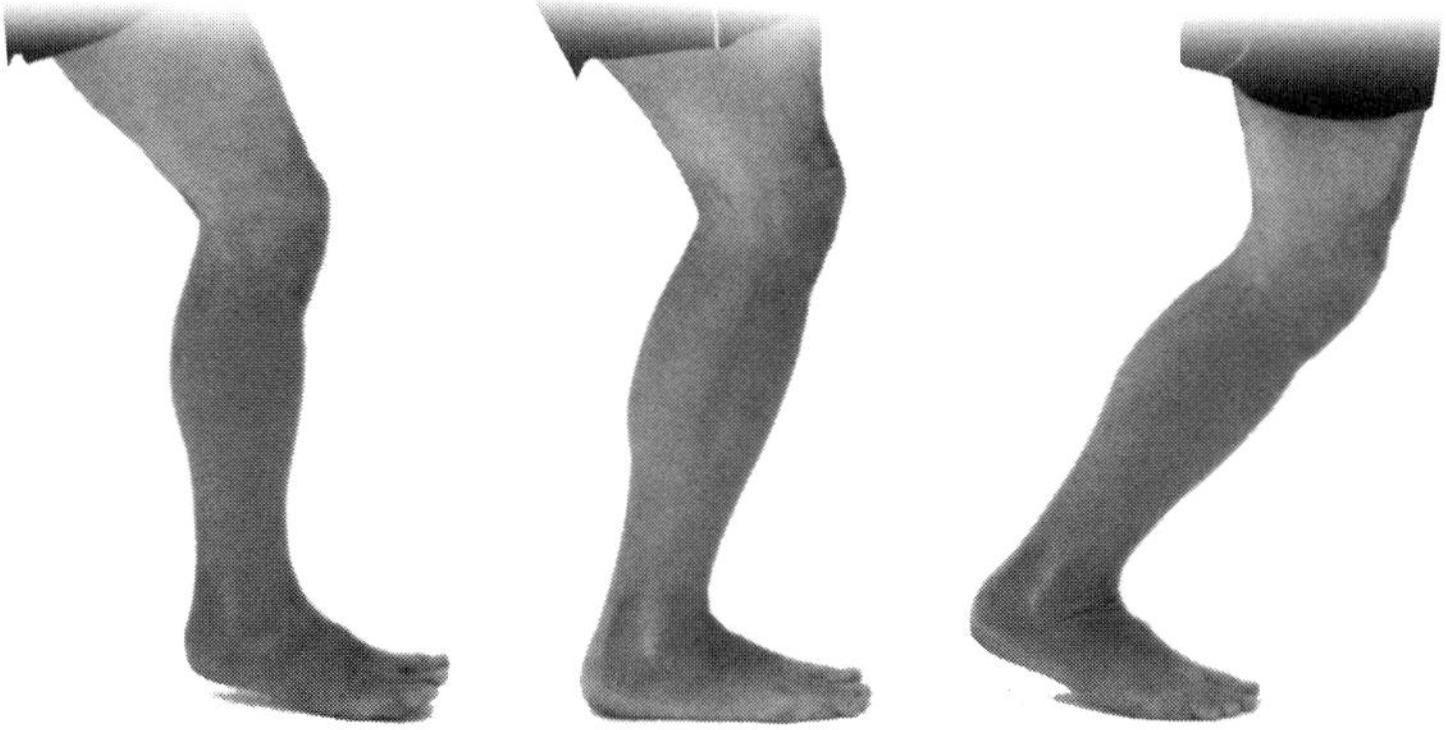

着地、立脚、離地期のランナーの支持足

ここでランニング日誌に記入する集中ポイントの例を挙げておく。

▼「集中ポイント」記入例

自分のスイートスポットを探る

これまでのレッスンで探ってきたのは、私のイメージする自分のスイートスポット、完璧な着地、完璧な姿勢だ。自分の足と体がバネのように感じられ、足をつくとその衝撃がエネルギーを吸収してまた動きにエネルギーを返してくれる、そんな着地だ。

スイートスポットに当たると、ニュートンの第三法則——すべての作用にはそれと同じ大きさで逆向きの反作用がある——も最高に効率よく活かされる。私にとってそれはランニング・ゾーンだ。すべては技術の問題。体が消耗されず、ランニングが楽に感じられるようにするのが重要だ。

前進ジャンプドリル

このドリルは、前傾して体を受け止めることが地面反力を利用する方法だと強く認識できるようになることを目的とする。

ドリル 6-1

前進ジャンプドリル

1. 弾力姿勢（P30）をとる。
2. 足（支持基底面）の上で股関節（重心）を移動し、体を前に倒す。
3. ジャンプして体を受け止める。このときつま先で地面を押したりふくらはぎの筋肉を使ったりしない。どこまで跳べるかをみる幅跳びとは違う。前進の動きは体を倒すことによるものでなければならない。ジャンプの際にわずかに肩を上げるのが補助になる。ジャンプの前に大きく倒れ込むほど前進する距離が伸びる。
4. 指球部で着地し、かかとは地面にキスするように軽く触れてかまわない。
5. 前進ジャンプを繰り返す。指球部に体重を感じてから次のジャンプに移るようにする。

ワークアウト

1 ランニング日誌に「集中ポイント」を記入する。
2 体重知覚の３つのドリル（１１８、１１９、１２７ページ）を行う。
3 ランニング・ポーズ保持のドリル（１２８ページ）を片脚それぞれ20秒、３セット行う。
4 弾力姿勢から壁への倒れ込みドリル（１３９ページ）を３回、ランニング・ポーズから壁への倒れ込みドリル（１４０ページ）を片脚３回ずつ行う。このときチャレンジとして壁からの距離を徐々に離していく。
5 ティンバードリル（１４１ページ）を支持脚それぞれにつき３回行う。その際、遊足を上げる高さを支持脚の足首、ふくらはぎ、膝へと変える。
6 支持脚交替ドリル（１４８ページ）を10回行う。１回ごとに３秒の休憩をはさむ。
7 前進ジャンプドリル（１６５ページ）を10回から20回行う。
8 30秒から60秒のランニングと60秒のウォーキングを交互に繰り返す、心身のストライドドリル（１５６ページ）を合計10分行う。ランニング・ポーズのフレームでは、アキレス腱が地面反力を吸収して次の一歩にエネルギーを戻しているのがわかるか？
9 筋力トレーニングは各エクササイズを10回行う。
10 日誌の「セッション後の振り返り」にはフォアフット、アキレス腱、そのほか全身のどこかに地面反力を受けて気づいたこと、感じたことなどを記録する。何かいらいらしたことがあれば、それについて別の角度から見直す。ジャンプの際には股関節（体の重心）を支持基底面の上で移したか？　ジャンプの前に前傾角度を深めたときはどう感じたか？　指球部で接地して、かかとは軽く触れるだけという着地を守れたか？　次のトレーニングセッションの目標は？

レッスン7：ポーズのフレーム再び

ランニングにおける腕の役割

このレッスンでは、ポーズのフレーム全体を動きに移し、肩と腕の動きを統合して、どれだけ速く、あるいは長く走っていても、一歩ごとに必ずランニング・ポーズをとる習慣が身につくよう、スピードをさまざまに変えて走ってみる。

だがまずは、ランニングのフォームについて長年言われてきたことをもうひとつやっつけておこう。それは、加速に果たす腕の役割についてだ。従来のコーチングでは、ランナーの肩はうしろに引き下げておくべき、腕振りの役割はスピードを上げることとされている。一方、**ポーズ・メソッドでは、肩はリラックスさせておき、わずかに上下することが一歩ごとに体重を抜く助けになると指導している。腕は脚の動きに対してバランスをとるのが役割だ。**

ランナーを機械のシステムとして見てみよう。このシステムでは、脚から胴を通って腕へと常にエネルギーの流れがある。このエネルギーの流れ、あるいは転換は、体のバランスをとるうえで大きな意味を持ち、腕はそのバランスの維持に重要な役割を果たしている。今週は準備運動のジャンプの回数を10回から15回に増やしていく。ジャンプの際、腕と胴と脚の相互のやりとりを注意深く観察すること。

ランニングの動きを機械として見ると、まず前傾する弧を描くことで始動し、すぐに素早い支持脚の交替が続く。体はバランスを保つための自動反射として、支持を明け渡そうとしている脚と反対の肩をわずかに回旋させる。肩を回旋すると、それに応じて腕が動く。

この一連の動きのなかで、腕は基本的に最後尾に位置している。システムの序列においては、仕事量が少ないということだ。だから重要でないというわけではないが、動きはシステムと調和して機能しなければならない。システムが求める以上の働きをしようとすれば、動き全体の効率性や有効性を損なうことになる。

となると、**腕の役目は脚と体の声を聞き、その活動に変化があったとき、バランスを保つために必要な調整をして対応する準備をしておくことだ。**たとえば、でこぼこ道でつまずいたとき、腕はすぐさま反射的にバランスを補正し、最適なフォームに戻る助けをする。だがそうした状況でお呼びがかからない限りは、常に出動態勢で、完璧なフォームとバランスを保つために極力何もしていない。

つまり具体的に言うと、やたら腕振りのピッチを上げて脚よりも速く動かそうとしたり、体の前や肩より高く振り上げたりして大げさに腕を使ってはいけない。それでは上半身に対して負の互恵効果を及ぼし、不必要に上体が動くことになる。とはいえ、腕はただ体の脇でぶらぶらさせておけばいいものでもない。バランスをとるために脚とは逆の動きをさせるべきだ。その動きは走るスピードと脚の動きによって自然とリズミカルに生じるものであって、力任せの

■自然でリズミカルな腕の動き

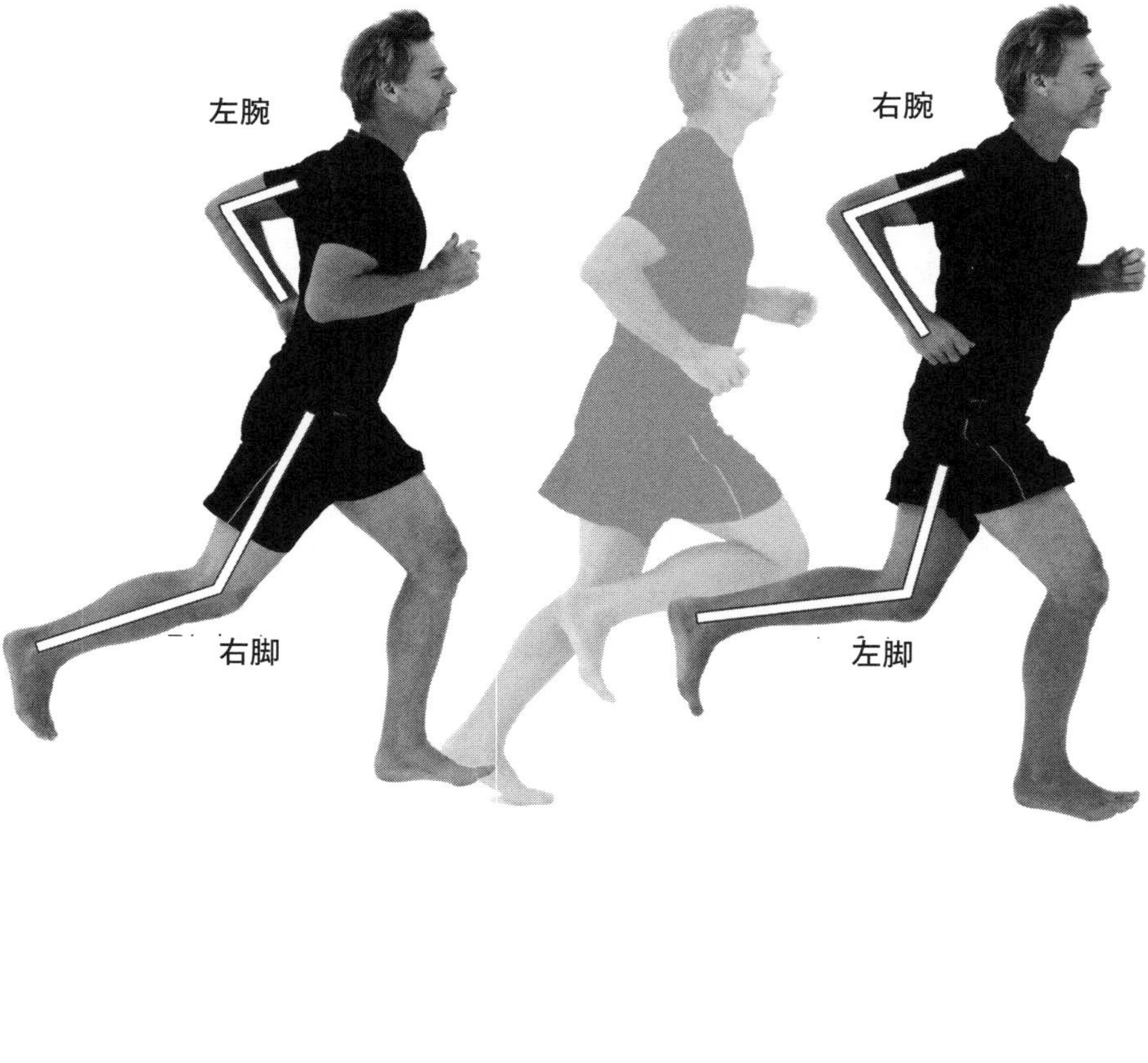

動きにも激しい上下運動にもすべきではない。
では、脚はどうか……。

技術：ランニング・ポーズを常に完璧にとる

一歩ごとにランニング・ポーズを正確にとるには、腕を使ってバランスをとり、背筋を伸ばし、支持脚と体とのS字を維持することに敏感であることが必要だ。このS字を維持しながら、前に出る遊脚に一歩ごとに体重を移し、股関節の下で指球部に着地することに集中する。そのあいだも常に、倒れ込みたいという精神的欲求や意欲を養う。

支持脚交替前進ドリル

レッスン4で支持脚交替の練習はしている。ここからはそれを動きに移していこう。

ドリル 7-1

支持脚交替前進ドリル

1. 右脚で立つランニング・ポーズ（P124）から始める。
2. 股関節を前に出して支持脚を交替することに集中しながら以下を行う。
3. 支点（右足の指球部）の上で股関節を前に出し、体を倒す。
4. 肩をすくめて体重を抜きながら股関節の下で右脚を引き上げる。このとき両脚が横から見て数字の4のようになる。
5. 左のフォアフットで着地する。かかとは地面にキスする程度に触れ、筋・腱弾性系が伸びて跳ね返すのと同時に再び地面から浮く。股関節は支持足の真上に来るようにし、左脚をやや曲げて上半身とともにS字を描くようにする。
6. 左足の指球部に全体重が乗ったら、すぐに体重をその先へと移しながら体を倒す。
7. 左足を股関節の下で引き上げながら、支持が右脚に移る際に右腕を使ってバランスをとる。
8. 右のフォアフットで着地する。このとき股関節はその真上に来るようにし、膝は曲げて上半身とともにS字を描くようにする。
9. 体を倒して前進しながら支持脚の交替を繰り返す。

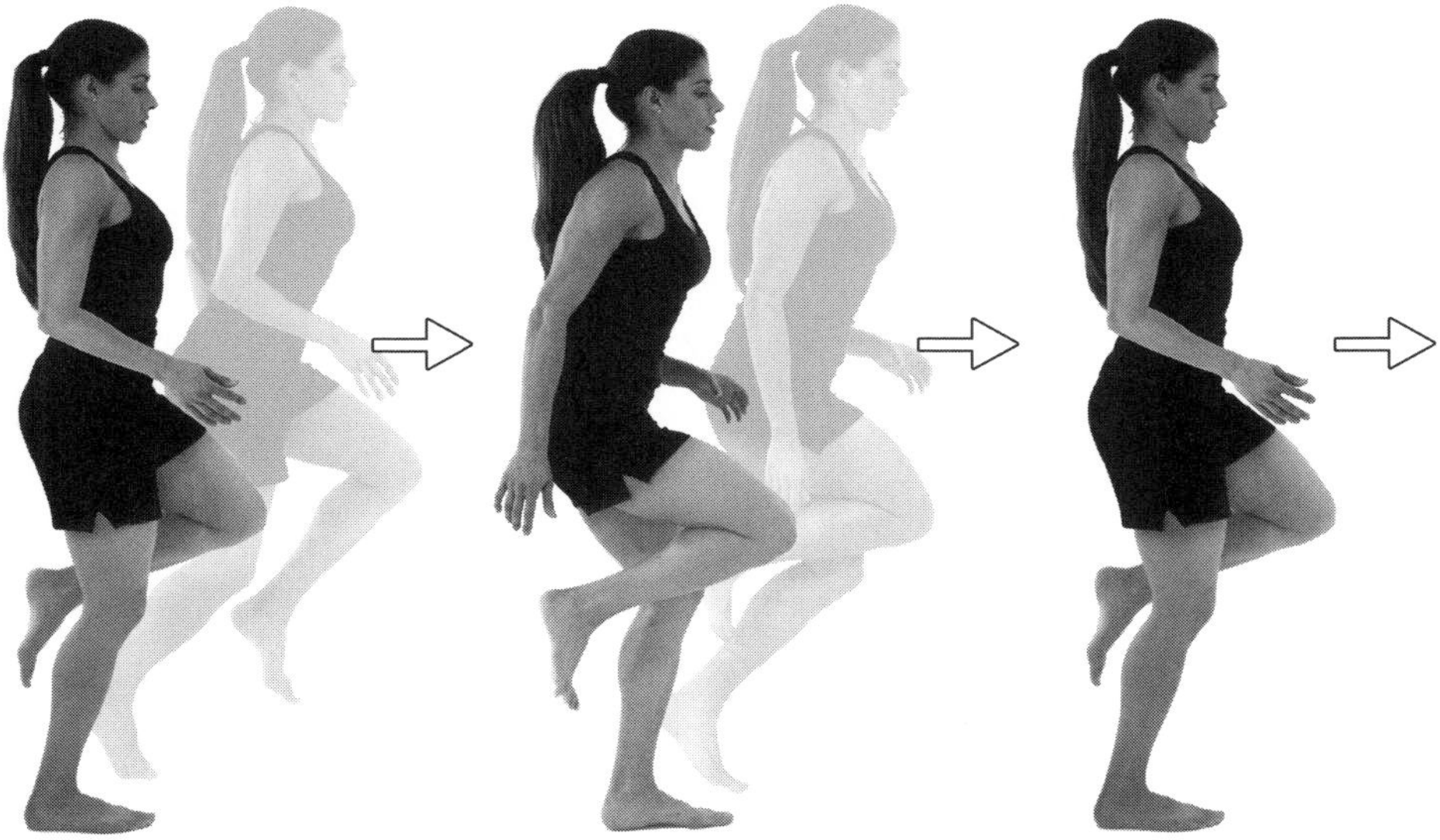

ワークアウト

1　ランニング日誌に「集中ポイント」を記入する。

2　体重知覚の3つのドリル（118、119、127ページ）を行う。

3　ランニング・ポーズ保持のドリル（128ページ）を片脚それぞれ20秒、3セット行う。

4　弾力姿勢から壁への倒れ込みドリル（139ページ）を3回、ランニング・ポーズから壁への倒れ込みドリル（140ページ）を片脚3回ずつ行う。このときチャレンジとして壁からの距離を徐々に離していく。

5　ティンバードリル（141ページ）を支持脚それぞれにつき3回行う。その際、遊足を上げる高さを支持脚の足首、ふくらはぎ、膝へと変える。

6　支持脚交替ドリル（148ページ）を10回行う。1回ごとに3秒の休憩をはさむ。

7　前進ジャンプドリル（165ページ）10回から20回を1セットとし、30秒から60秒の休憩をはさんで2セット行う。

8　支持脚交替前進ドリル（172ページ）を行い、技術が乱れるか部屋の端から端まで使いきるまで、できるだけ歩数を重ねる。ただし一度につき10メートル以上進む必要はない。これを5回行う。

9　30秒から60秒のランニングと60秒のウォーキングを交互に繰り返す、心身のストライドドリル（156ページ）を合計10分行う。このときランニング・ポーズと支持脚の交替に特に注意を払う。肩を上げて体重を抜くのはどんな感覚か？　腕を使ってバランスをとること、背筋を伸ばしておくこと、支持脚と体とでつくるS字を維持することに敏感か？

10　筋力トレーニングは各エクササイズを12回に増やす。

11　日誌の「セッション後の振り返り」には着地ごとの体重を乗せる位置、ポーズの姿勢について気づいたこと、感じたことなどを記録する。何かいらいらしたことがあれば、それについて別の角度から見直す。支持足のかかとは体を前に倒すタイミングで地面から離れたか？　体がランニング・ポーズから前傾して次のポーズに移るのがわかったか？　宙に浮いている足の位置を感じられたか？　その足は数字の4をつくっていたか？　次のトレーニングセッションの目標は？

レッスン8：フォールのフレーム再び

速度、前傾角度、遊足の高さの関係性

このレッスンでは、**速度を生むのは地面を押しやり腿を高く上げる筋肉運動ではなく、体の前傾角度である**ことを見ていく。角度が大きくなるほど走る速度は増す。

次の画像は、それぞれ異なる速度（左からジョグ、ラン、ダッシュ）で走る3人のランナーを示している。これを見ると、速度が前傾角度と直接関連していることがわかる。

ランナーの前傾角度を計算したいとき、私はフォールのひとコマを取り出して指球部が地面と接する部分を頂点とし、そこから地面と垂直の線と、頂点とランナーの股関節中心部を結ぶななめの線を引く。

ウサイン・ボルトは世界最速の男であり、彼の前傾角度がきわめて極端なのは偶然ではない。トップスピードにおける角度はじつに21・4度。22・5度になると重力の物理法則が優位となり、態勢を立て直してポーズの姿勢で着地することは不可能になる。たとえウサイン・ボルトでも、よろめいてしまうだろう。21・4度で走るのはそれだけ無謀なことなのだ。

また、前傾角度は支持脚でないほうの足が地面からどれだけ上がるか（「振幅」と呼ばれる）

■前傾角度と速度、振幅の関係

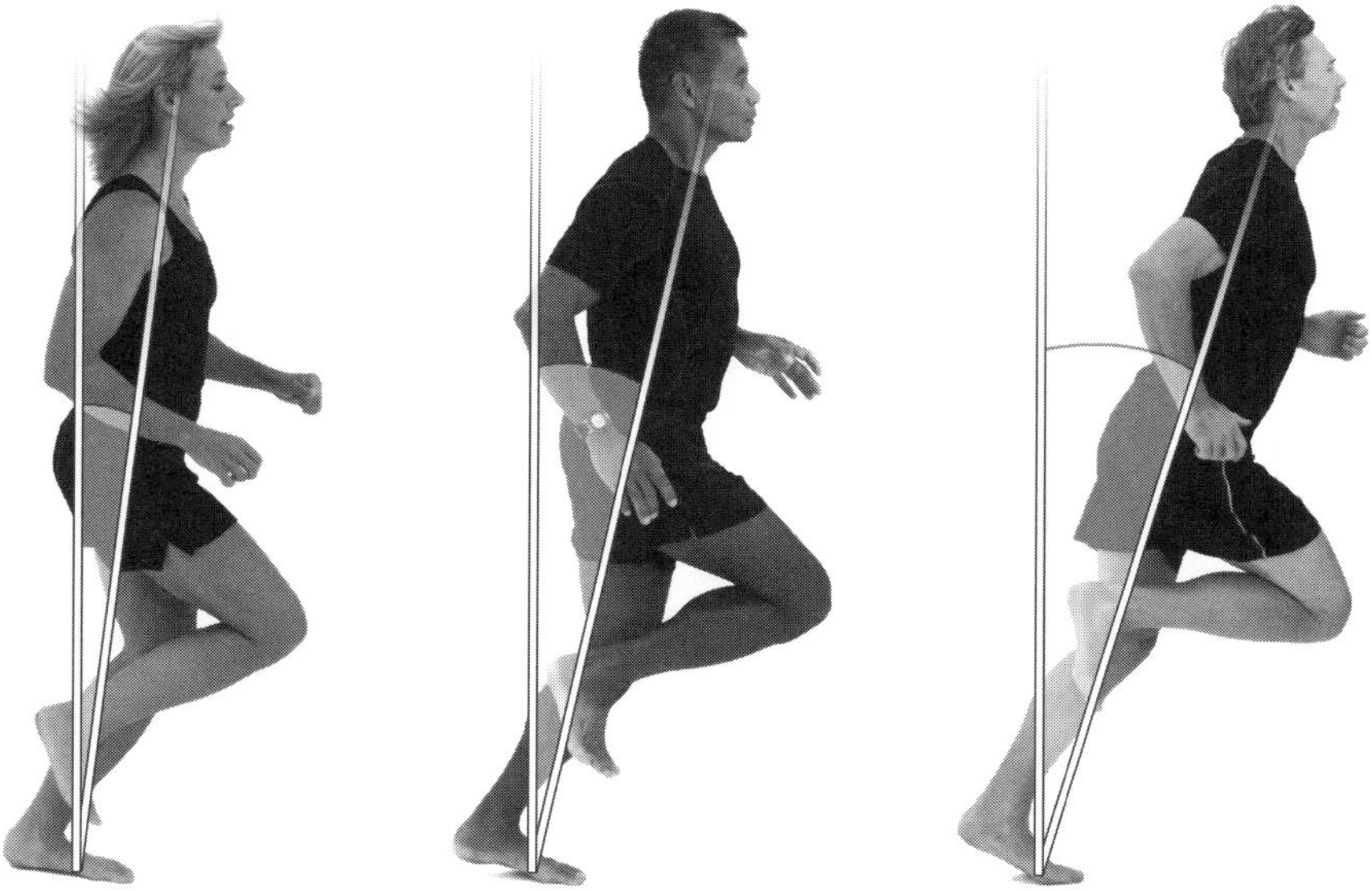

前傾角度が大きいほど走る速度が増す。

前傾角度が大きいほど走る速度が増し、遊足が高く引き上がる。

も決定づける。前傾角度が大きくなるほど、かかとはお尻に近づき、走る速度が増していく。全力疾走時に前傾角度は最大となり、遊足の高さも最高になる。それに対してジョグでは、前傾角度はあまり極端にならず、足の振幅も小さい。

技術：ランナーのように倒れる

これは少し難しい技術だ。レッスン3の「フォール」では、全身を一本の棒のようにして倒すことを学んだ。その目的は、倒れる感覚を体にしっかり覚えさせることにあったが、あれは走るときの最適な倒れ方ではない。本当の前傾角度は支持足から股関節で測定される。つまり、主に**腰から下で倒れなければならない**ということだ。しかも、前傾には一歩の流れのなかで始まりと終わりがある。これまでは、倒れるという考えに慣れてもらうために、走ることは絶えず倒れる行為だと言ってきた。だがそれは正確ではない。実際は、**前傾は支持足のかかとが地面から離れたところで始まり、遊足が支持脚を通りすぎたときに終わらなければならない。**

ここでランニング日誌に記入する集中ポイントの例を挙げておく。

▼「集中ポイント」記入例

古代ギリシアの壺に描かれた走者の絵と彼らのまっすぐな姿勢。マイケル・ジョンソンの直立した上半身。あれが今日の目標だ。上半身をまっすぐに保つこと。走るときには前のドリルのように全身で倒れるのではなく、股関節から倒れるのを忘れないように。前回のドリルの目的は倒れる感覚を体に覚えさせることで、あれは実際に走るときの倒れ方とは違う。

今日のランニング前の技術目標：

・体をフォアフットで、股関節の下でキャッチする。つまりポーズの姿勢

・プルからポーズの姿勢になる

倒れ込みドリル再び

ここでのドリルは、走りのフォールの段階に磨きをかけることを目的とする。

ドリル 8-1

弾力姿勢から壁への倒れ込みドリル 2：腰から下で倒れる

1. 壁から腕の長さ分ほど離れて立ち、弾力姿勢（P30）をとる。
2. 恐れず倒れる準備をする。
3. 腰から壁に倒れ込むが、上半身はまっすぐ立てておく。
4. 両手で体を支える。

ドリル8-2

ランニング・ポーズから壁への倒れ込みドリル2：腰から下で倒れる

1. 壁から腕の長さ分ほど離れて立ち、ランニング・ポーズ（P124）をとる。
2. 倒れる準備をする。
3. 上半身をまっすぐ立たせたまま、支持足の上で股関節を前に出しながら壁に倒れ込む。
4. 両手で体を支える。
5. 脚を替えて繰り返す。

ドリル 8-3

ティンバードリル 2：腰から下で倒れる

1. ランニング・ポーズ（P124）をとる。
2. その姿勢から上半身をまっすぐ立たせたまま支持足の上で股関節を前に出して倒れる。
3. 遊脚で体を支えなければならなくなったらランニング・ポーズで着地する。怖がらないこと。
4. かかとが床に軽く触れ、また浮くのを感じる。このとき体重は指球部に集中し、股関節は安定している。股関節が前に出つづけてはならない。
5. 脚を替えて繰り返す。

ドリル 8-4

倒れ込みとランへの移行ドリル

1. 右脚で立つランニング・ポーズ（P124）をとる。左の足首は右脚の膝の高さ。
2. 倒れる準備をする。
3. 上半身をまっすぐ立たせたまま股関節から前に倒れる。
4. 左足が支持脚である右脚を通過するタイミングで肩をすくめて体重を抜きながら股関節の下で右脚を引き上げる。このとき両脚は横から見て数字の4のようになる。
5. 左のフォアフットで着地する。かかとは地面にキスする程度に触れ、筋・腱弾性系が伸びて跳ね返すのと同時に再び地面から浮く。股関節は支持足の真上に来るようにし、左脚をやや曲げて上半身とともにS字を描くようにする。
6. 左足の指球部に全体重が乗ったらすぐにまた体を倒す——恐れずに！　股関節が左足の指球部より前に出る際も上半身はまっすぐ立たせておく。
7. 最初の支持足に戻るまで一連の動きを繰り返す。ここまでの2歩分を1ストライドとする。
8. ひとつの連続した動きとして3ストライド、合計6回、体を倒して前進する。上半身をまっすぐ保ち、腕は脚とのバランスを取りながらもリラックスさせたまま、支持脚を流れるように正確に交替することに努める。
9. そのままランに移行して10〜20m走る。走り出す際も同じ前傾角度を再現するようにする。

＊これはレッスン7の「支持脚交替前進ドリル（P172）」に工夫を加えたもので、足の踏み出しで習得しなければならない技術にフォールのタイミングと姿勢を加えている。

ワークアウト

1　ランニング日誌に「集中ポイント」を記入する。

2　体重知覚の3つのドリル（118、119、127ページ）を行う。

3　ランニング・ポーズ保持のドリル（128ページ）を片脚それぞれ20秒、3セット行う。

4　弾力姿勢から壁への倒れ込みドリル2（180ページ）を5回、ランニング・ポーズから壁への倒れ込みドリル2（181ページ）を片脚5回ずつ行う。下半身から倒れ込み、上半身をまっすぐ立たせておくことに集中する。

5　ティンバードリル2（182ページ）を支持脚それぞれにつき2回、3セット行う。その際、遊足を上げる高さを支持脚の足首、ふくらはぎ、膝へと変える。

6　支持脚交替ドリル（148ページ）を10回行う。1回ごとに3秒の休憩をはさむ。

7　前進ジャンプドリル（165ページ）10回から20回を1セットとし、30秒から60秒の休憩をはさんで3セット行う。

8　支持脚交替前進ドリル（172ページ）を行い、技術が乱れるか部屋の端から端まで使いきるまで、できるだけ歩数を重ねる。ただし一度につき10メートル以上進む必要はない。これを5回行う。

9　30秒から60秒のランニングと60秒のウォーキングを交互に繰り返す、心身のストライドドリル（156ページ）を合計10分行う。特にフォールのフレームに注意を払う。腰から下で前傾する際に上半身は垂直に保っていたか？　前傾は支持足の指球部に全体重がかかるのを感じた直後に始まり、遊足が支持脚の膝を通過するタイミングで終わっているか？

10　筋力トレーニングは各エクササイズを12回行う。

11　日誌の「セッション後の振り返り」には、ストライドごとに下半身から正しいタイミングで倒れて気づいたこと、感じたことなどを記録する。何かいらいらしたことがあれば、それについて別の角度から見直す。股関節から下で体を倒すのはどんな感じか？　上半身をまっすぐ立てておくことと股関節の下で足を着地させることとの関連が感じられるか？　前傾角度によってスピードが上がったり下がったりするのを感じるか？　次のトレーニングセッションの目標は？

レッスン9：プルのフレーム再び

プルのタイミング

ご想像のとおり、このレッスンのプル（支持足の引き上げ）のドリルには動きが加わり、タイミングに焦点が絞られる。効率的で正確な支持脚の交替は地面を押しやって実現するものでないことはもう納得してもらえているものと期待している。これは足の引き上げと抜重によってなしえるものだ。

技術

プルの段階をタイミングに的を絞ってもう少し詳しく見てみよう。**支持足の引き上げは、フォールが終わるタイミングで（遊足が支持脚を通過した直後に）始まるのが理想的だ。**だが、エリートランナーでも常にうまくいくわけではない。正しいタイミングをつかもうと取り組んでも、態勢を立て直そうとして足をつく習性は、その意欲もねじ伏せてしまうほど強いものだからだ。

プルのドリル再び

このレッスンのドリルでは、股関節の真下で足を地面から引き上げて両足が地面から離れる飛行期に入るために、太腿裏側のハムストリングスを使わなければならない。

■プルのタイミングの悪い例

引き上げの開始が遅い。

ドリル 9-1

足のタッピングとランへの移行ドリル

1. 左脚で立つランニング・ポーズ（P124）の姿勢からスタートする。
2. 右足の指球部で股関節の下の地面をタップし、ハムストリングスを使って股関節の下で足を引き戻すことに集中しながら以下を行う。左足は終始地面につけたままとする。
3. ランニング・ポーズから右足を落としていき、素早いタップの動きで股関節の下にフォアフットで着地させる。
4. 右のかかとは軽く落として地面にキスする程度に触れてかまわない。
5. 右のハムストリングスを使って（大腿四頭筋はリラックスさせたまま）股関節の下で右足を素早く引き戻し、肩をわずかにすくめて体重を抜く。右足首は地面に対してまっすぐ垂直に引き上げる。
6. 右足が地面に触れる時間を最小限に抑え、「さっと上げて、ゆっくり下ろす」リズムでタッピングを素早く繰り返す。このあいだ、左脚で体重を支える。
7. 反復のスピードが上がったら、右足を上げながら肩を上げて体重を抜く際、左足がその場で小さく跳ねるようにする。ただし常に膝は曲げておき、右足の指球部で着地するのを忘れないこと。
8. 脚を替えて繰り返す。

ドリル 9-2

前進フロントランジドリル

1. 左脚で立つランニング・ポーズから右足を下ろして指球部で着地し、かかとが地面に軽く触れる「足のタッピングとランへの移行ドリル」（P190）をベースとする。

2. 肩をわずかにすくめて体重を抜きながら、ハムストリングスを使って（大腿四頭筋はリラックスさせたまま）股関節の下で右足を素早く引き戻す。やはり右足首は地面に対してまっすぐ垂直に引き上げる。これに注意しながら以下を行う。

3. 支点（左足の指球部）の上で股関節を前に出し、体を倒す。

4. 右足を落として股関節の下で指球部で着地し、左脚をリラックスさせたまま股関節の下で素早く前にスライドさせ、再び支持脚とする。

5. 右足が地面に触れる時間を最小限に抑えながらこれを素早く繰り返し、前進していく。

6. 反復のスピードが上がったら、右足を上げながら肩を上げて体重を抜く際、**4**でスライドさせていた左脚をわずかに地面から浮かせて跳ねる動作に変え、前進する。ただし常に膝は曲げておき、右足の指球部で着地するのを忘れないこと。

7. 脚を替えて繰り返す。

ワークアウト

1 ランニング日誌に「集中ポイント」を記入する。

2 体重知覚の3つのドリル（118、119、127ページ）を行う。

3 ランニング・ポーズ保持のドリル（128ページ）を片脚それぞれ20秒、3セット行う。

4 弾力姿勢から壁への倒れ込みドリル（139ページ）を3回、ランニング・ポーズから壁への倒れ込みドリル（140ページ）を片脚3回ずつ行う。このときチャレンジとして壁からの距離を徐々に離していく。

5 ティンバードリル（141ページ）を支持脚それぞれにつき3回行う。その際、遊足を上げる高さを支持脚の足首、ふくらはぎ、膝へと変える。

6 足のタッピングとランへの移行ドリル（190ページ）を片脚10回ずつ、10秒から15秒の休憩をはさんで3セットずつ行う。

7 支持脚交替ドリル（148ページ）を10回行う。1回ごとに3秒の休憩をはさむ。

8 前進ジャンプドリル（165ページ）10回から20回を1セットとし、30秒から60秒の休憩をはさんで2セット行う。

9 支持脚交替前進ドリル（172ページ）を行い、技術が乱れるか部屋の端から端まで使いきるまで、できるだけ歩数を重ねる。ただし一度につき10メートル以上進む必要はない。これを5回行う。

10 前進フロントトランジドリル（192ページ）を支持脚につき10回ずつ、10秒から15秒の休憩をはさんで3セットずつ行う。

11 30秒から60秒のランニングと60秒のウォーキングを交互に繰り返す、心身のストライドドリル（156ページ）を合計10分行う。特にプルのフレームに注意を払う。大腿四頭筋は常にリラックスさせたまま、足首はハムストリングスを使って股関節の真下で地面からまっすぐ引き戻しているか？　遊足が支持脚の膝を通過した直後に飛行期に入っているか？

12 筋力トレーニングは各エクササイズを12回行う。

13 日誌の「セッション後の振り返り」には、ハムストリングスを使って正しいタイミングで足を引き上げて気づいたこと、感じたことなどを記録する。何かいらいらしたことがあれば、それについて別の角度から見直す。接地時間は常に短く、タップする程度だったか？　ハムストリングスが働いているのが知覚できたか？　足首はまっすぐ垂直に引き上げていたか？「さっと上げて、ゆっくり下ろす」リズムはどうだったか？　次のトレーニングセッションの目標は？

レッスン10：すべてを再度組み立てる

人体における幾何拘束の概念

ランニング技術に対する知識と認識が深まったところで、このレッスンでは、これまで学んだすべてを20分のランに組み入れていこう。またこの最後のレッスンは、プログラムの次の段階にスムーズに進むためのランニングワークアウトとなるように組まれてもいる。だが走りに出る前にまず、「S字カーブを維持しろ」「体の重心の前に着地するな」など、すべてのレッスンの根底にあった生体力学的概念を確かめておきたい。最適な走りをするには、人体の自然な幾何拘束のパターンに注意しなければならない。でも心配することはない。人の体は関節が完全伸展に近づくと、その動く速度を落とすようにプログラムされている。そうやって過伸展による怪我を防いでいるのだ。だから走るときには脚を完全に伸ばしきろうとすべきではない。**体のはるかうしろに脚を蹴り返すのではなく、常に股関節の下で足をまっすぐ引く。そして、膝は常にランニング・ポーズの姿勢でわずかに曲げておくべきだ。**この幾何拘束の主たる概念に従えば、動きのいちばんの味方である筋と腱の弾性を活かせる。

技術

ここでの技術目標は、いたってシンプルだ。ポーズ、フォール、プルを長めのランにまとめ上げること。これは、いくつかのレッスンで行った心身のストライドドリルを発展させたものだ。走っているときも休憩のときも、ひとつのフレームに集中するのではなく、全部ひっくるめて同じ集中力で知覚を働かせていく。

視覚化ドリル

このレッスンでは、完璧なフォームで走る自分の姿をイメージする力を養うため、199ページの視覚化ドリルを行う。

技術チェックリスト

これは、今週に限らず、技術の乱れを感じたらいつでも見直すことのできるチェックリストだ。究極の「心身のストライドドリル」と考えよう。自分の走りにいずれかのフレームが知覚できない場合は走るのをやめ、いったんそのフレームのドリルをしてから、すぐに再開しよう。

1　**自分のランニング・ポーズをどう感じるか？**——足の指球部で着地しているか？　支持脚の指球部に圧を感じるか？　体重が支持脚に乗っているあいだ、遊足は股関節の下にあるか？　リラックスしているか？　足は股関節の真下で着地しているか？　膝はわずかに曲がったまま、筋弾性を維持しているか？　ポーズの振幅は走る速度に見合っているか？

2　**自分のフォールをどう感じるか？**——足首を緊張させていないか？　力を使わずに前進しているのを感じるか？　前に倒れ込むときにランニング・ポーズを維持しているか？　本当に倒れ込むことを受け入れているか？　筋肉を緊張させていないか？　体のどこかでブレーキをかけていないか？　勇気をふるって前傾角度を深めているか？

3　**自分のプルをどう感じるか？**——足を股関節の真下で引き上げているか？　フォールの段階の終わりがわかるか？　足を引き上げる適切なタイミングをつかんでいるか？　走る速度に見合った正しい振幅で足を引き上げているか？

着地の比較

２００ページの図には、ここまで見てきた基本の概念が視覚的に示されている。最適な位置での着地という核となる考えの振り返りとしても参考にしよう。

ドリル 10-1

視覚化ドリル

1. 寝る前や地下鉄のなか、仕事の休憩中や走る直前など、1日のなかで静かな時間をつくり、4分間を想像にあてる。

2. 完璧なフォームで走っている自分を想像する。すべての感覚を使ってイメージすること。完璧なポーズのフォームで走る自分の姿を見て、感じる。集中するポイントは次のとおり。

・完璧な技術で走っている自分を――遠くから、全身で――**見る**。

・完璧なバランスでランニング・ポーズをとりながら足の指球部で着地するのを**感じる**。

・やさしく素早いタッチで足が地面に触れるのを**聞く**。

・自由落下しながら前進していくのを**肌で感じる**。

・足を引き上げて飛行期に入るその瞬間を**感じとる**。

■着地の比較

かかと	ミッドフット	フォアフット
支持時間：0.25秒	支持時間：0.18秒	支持時間：0.12秒
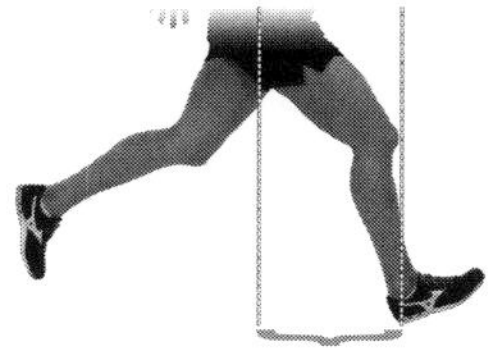		
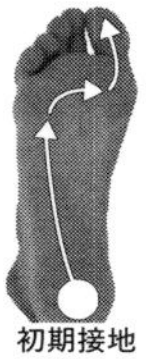		
足圧の軌跡 ・関節が衝撃を吸収 ・足底が地面に二度衝突 ・オーバーサピネーションとオーバープロネーション	**足圧の軌跡** ・膝に過剰な負担 ・ブレーキ作用 ・フラットフット着地：絶えず正確に再現するのは難しい	**足圧の軌跡** ・衝撃を効率良く再分散 ・関節に最小限の負担 ・結果的に最短の支持時間
ローリング （かかとからつま先まで順番に使われる）	**足底がフラット**	**自然なサピネーション** （回外）
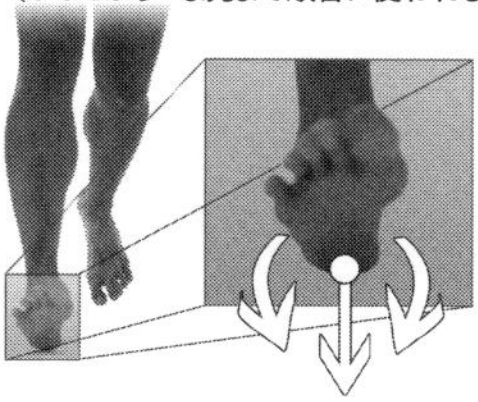	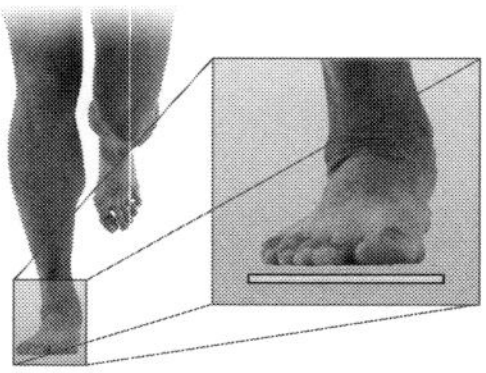	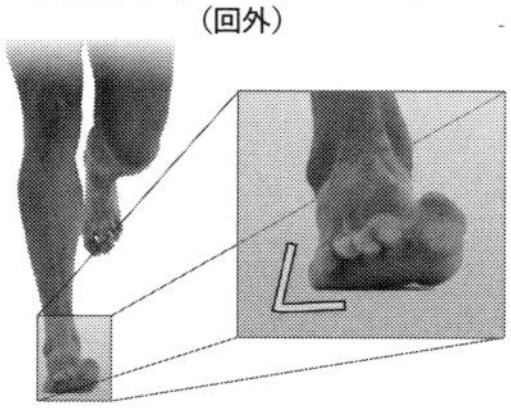

ワークアウト

1　今日から少なくとも1日1回、４分間の時間を確保して視覚化ドリル（１９９ページ）を行う。

2　視覚化したランニング技術について何を思ったか、そのイメージを自分の走りにどう活かすかをランニング日誌の「集中ポイント」に記入する。

3　体重知覚の３つのドリル（１１８、１１９、１２７ページ）を行う。

4　ランニング・ポーズ保持のドリル（１２８ページ）を片脚それぞれ20秒、３セット行う。

5　弾力姿勢から壁への倒れ込みドリル（１３９ページ）を3回、ランニング・ポーズから壁への倒れ込みドリル（１４０ページ）を片脚３回ずつ行う。このときチャレンジとして壁からの距離を徐々に離していく。

6　ティンバードリル２（１８２ページ）を支持脚それぞれにつき3回行う。その際、遊足を上げる高さを支持脚の足首、ふくらはぎ、膝へと変える。

7　支持脚交替ドリル（１４８ページ）を10回行う。１回ごとに3秒の休憩をはさむ。

8　前進ジャンプドリル（１６５ページ）10回から20回を1セットとし、30秒から60秒の休憩をはさんで2セット行う。

9　支持脚交替前進ドリル（１７２ページ）を行い、技術が乱れるか部屋の端から端まで使いきるまで、できるだけ歩数を重ねる。ただし一度につき10メートル以上進む必要はない。これを5回行う。

10 前進フロントトランジドリル（192ページ）を支持脚につき10回ずつ、10秒から15秒の休憩をはさんで3セットずつ行う。

11 30秒から60秒のランニングと60秒のウォーキングを交互に繰り返す、心身のストライドドリル（156ページ）を合計12分行う。そのあいだ、技術チェックリスト（198ページ）の質問事項についてあらためてチェックする。苦労しているフレームがあれば走るのをやめ、いったんそのフレームのドリルをしてからまたすぐに再開する。

12 自分の走りを撮影する。これで少なくとも3度目のデジタルキャプチャとなる。次の章ではフォームの分析の仕方と、その所見をポーズ・メソッドの次の段階に活かす方法について見ていく。

13 筋力トレーニングは各エクササイズを15回に増やす。以降、この15回を定数とする。

14 日誌の「セッション後の振り返り」には、技術チェックリストのすべての面について気づいたこと、感じたことなどを記録する。何かいらいらしたことがあれば、それについて別の角度から見直す。すべての要素をひとつに統合してどうだったか？　自分にとって最大の課題は？　心身の両面で、ランニング技術に何か好ましい変化は見られるか？　次のトレーニングセッションの目標は？

卒業：いまを楽しむ

アドバイスと間違いチェックリスト

おめでとう！　これで最初の10レッスンは終了だ。今度は、この成果を持って次のランニングサーキットの段階に進もう。だがその前に、いくつかのアドバイスと、避けるべき間違いのチェックリストを確認しておこう。

▼アドバイス

・**根気よく、慌てずに行う**――新しい運動パターンを覚えてこれまでにない筋肉を使うわけだから、多少は筋肉痛になるかもしれない。そのため、量よりは常に質が重要になる。ここをスムーズに移行するには、コアのエクササイズとジャンプが有効だろう。重要なのは、絶えず続けること。最低でも週に3回はワークアウトを行う必要がある。

・**何はさておきケイデンス**――ケイデンス（脚の回転数）を上げることに集中する。歩幅を伸ばすことは考えない。歩幅は人それぞれ決まっている。それを伸ばそうとするのは身長を伸ばそうとするようなもので、できない相談だ。すべてが正しくできていれば、歩幅は放っておいてもどうにかなる。これで心配事がひとつ減るというものだ。

・**ビートを意識する**――静かに着地することに集中する。つまり、足裏の指球部で着地し、筋・腱弾性を活かす。ドスドス、ペタペタ、ズルズルと着地しているなら問題だ。それは最適な着地で出る音ではない。優れたランニング技術は見た目にスムーズで、音も静かなものだ。

・**体の支点の上で腰から前に倒れ込む**――その際、上半身は股関節から肩、頭までまっすぐ一直線に立たせておく。

・**体の重心の下で着地する**――股関節の下で足の指球部で着地する。そこがゴールだ。だが少しぐらい的を外しても、そんなに自分に厳しくすることはない。ひとまずは、筋力を使った積極的着地でかかとから足をついたり股関節の前で足をついたりするのは避けること。股関節の下で着地すれば前に進もうとする勢いを利用することができる。

・**定期的に走りを撮影する**――自分の走りを常に撮影するようにする。それが技巧を分析する唯一の方法となる。一度習慣になれば、それも楽しい要素のひとつになる。

▼よくある間違いのチェックリスト

・歩幅が過度に大きなオーバーストライドになる
・かかと着地をする
・積極的着地をする

・足の引き上げが遅れる
・腰を曲げる
・落下に抵抗する
・垂直振動が増加する（体の上下動が多い）
・過剰に腕を動かす
・足を引き上げすぎる
・着地で音を立てすぎる
・地面をすったり引っかいたりして着地する

■よくある間違いの例

積極的着地は体の前で足をつくことにつながる。

第3章

ランニングサーキット

The Running Circuit

ランニングサーキットに入る前に

次の段階に向けて

ここから9週間の移行期間も、引きつづき、**量より質が重要になる。**プログラムの中心はサーキットトレーニングのようなランニングとドリルを組み合わせたものであり、「ランニングサーキット」という。この方法には、次の項で説明するビデオの詳細分析も含め、きっちりと従うこと。レッスンのときと同様、最初は簡単すぎると思えるかもしれないが、しだいに目標が追加されてメニューが増えていく。ランニングも、新しいスキルを学ぶことも、運動生理、すなわち筋骨格、生理、神経、心理に深く関わっている。こうした運動生理の重要要素にはそれぞれのタイムテーブルがある。言うなれば野菜をソテーするようなものだ。生のホウレンソウはジャガイモよりも火の通りが早い。人の体について言えば、まず神経系が適応し、次に筋力がつくが、腱と靭帯が強くなるには（ジャガイモのように）もう少し時間が必要になる。プログラムのさまざまな要素が野菜を効率的かつ安全にソテーしてくれる。

自分のコーチになる

課題を克服する

次に進む前に、まずは自分のランニング映像の分析の仕方を学ぶ必要がある。ビデオ分析はプログラムの次の段階、つまりランニングサーキットの必須のスキルになる。自分のランニングフォームにドリルをじかに応用し、走りを改善するための個別のニーズに重点的に取り組めるよう、ワークアウトをカスタマイズしていくからだ。

これまでの指示に従っていたとすれば、プログラムの次のような各段階で自分のランニングフォームを撮影した最低３本のビデオがあるはずだ。

1　シューズを手に入れ「デジタルキャプチャ」の項（56ページ）を読んだあと
2　レッスン１の初め
3　レッスン10の終わり

今度は、その動画をパソコンの画面（もっといいのはテレビの画面）で表示させ、詳しく見る番だ。理想を言えば、画像をコマ送りで見られるソフトウェア、たとえばアイムービーやムービーメーカーでアクセスするのがいい。さもなければ、ビデオをユーチューブにアップロードして、ビデオリンクを「pause house.com」のような専門の視聴サイトにペーストしよう。自分のフォームがポーズ・メソッドの理想的なシーケンス（155ページをもう一度参照のこと）にどれだけ近づけているかをフレームごとに分析できる。

ポーズの概念は理解してもらったはずなので、ここからは自分の走りをコーチの目線で分析していくことができる。まずは理想的なフォームの特質をフレームごとに検討してみよう。

・**初期接地**——足は体のほぼ下に、やや外側に傾いて（サピネーション＝回外）着地す

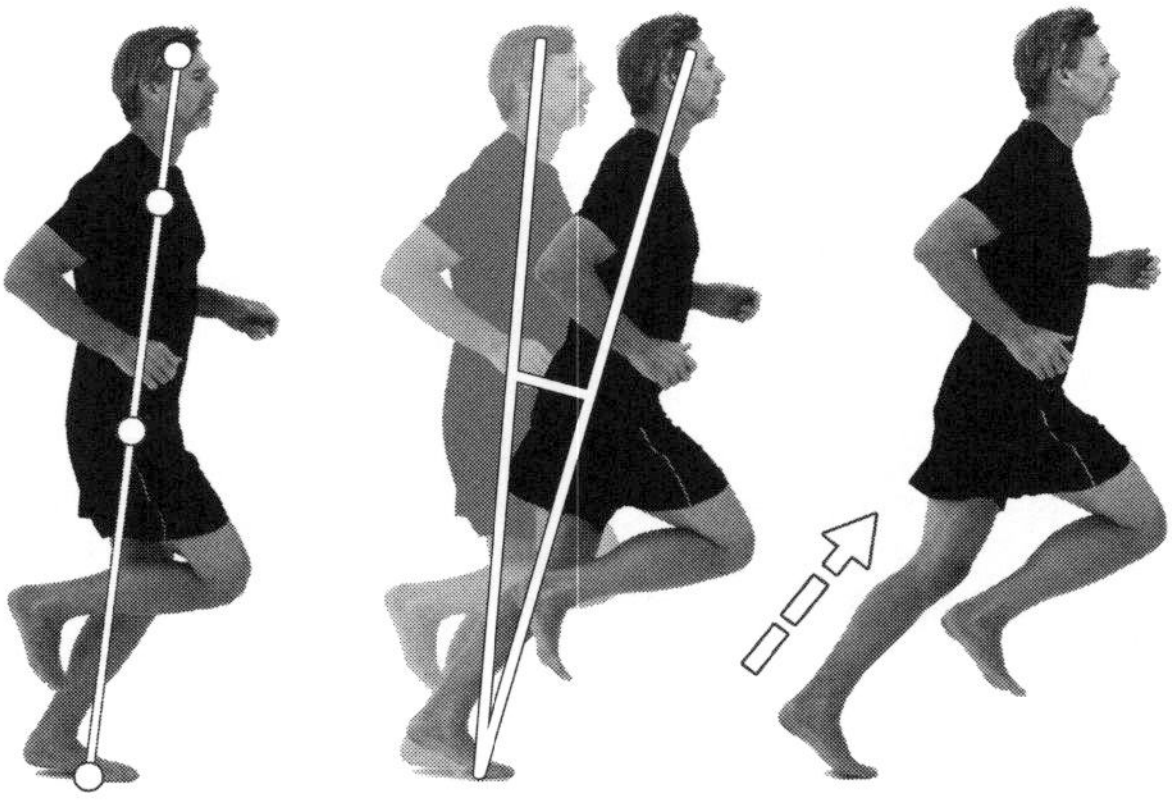

4 ポーズのアライメント　5 フォール期　6 足を引いて飛行期に

る。うしろ脚は体のわずか後方にあるだけで、ポーズの姿勢までの時間が最小限に抑えられる。

・**うしろ脚の距離**——うしろ脚は初期接地した体のわずか後方にある。

・**ポーズの姿勢**——ポーズの姿勢を経る際の上半身はまっすぐ立ったまま。

・**前傾の開始**——体が前傾しはじめるときにかかとが地面から浮く。

・**前傾の終了**——遊足が支持脚を通過する。

・**足を引いて飛行期に**——股関節の下でかかとを上げる（つまり遊足が支持脚を通過する）ことで飛行期が始まる。

３本のビデオをすべてスローモーションで見ながら、自分のフォームとこの画像とを比べてみよう。１本目より２本目、２本目より３本目と、フォームに改善の兆しが見られれ

■ランニング動作のフレームシーケンス

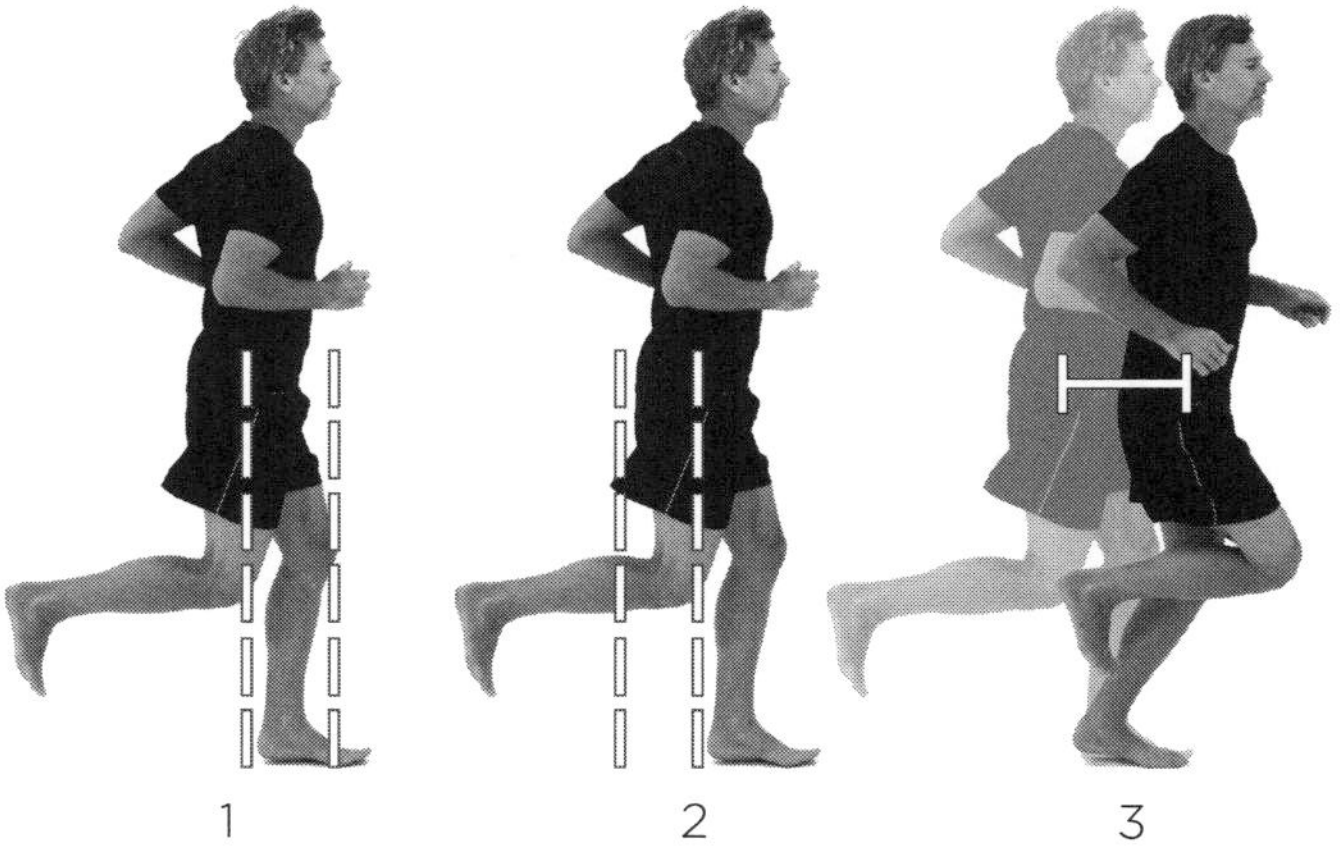

1 初期接地　2 うしろ脚の距離　3 ポーズまでのフレーム数

ばしめたものだ。3本目のビデオをもう一度スローモーションで見直し、大まかな反省点をランニング日誌に書きとめる。

・正しくできているところは？
・できていないところは？
・どうすれば修正できるか？

評価の仕方についてだいたいのところがつかめたら、フォームをフレームごとに分析し、3つの主要な姿勢を評価する準備は整う。「ランニング・ポーズをとっているか？」「前傾しているか？（フォール）」「タイミングよく、正しく足を引き上げているか？（プル）」

次の指針を参考にすれば、正しいフォームからのズレを特定し、それを修正するための計画を実践できる。分析を進めながら日誌にメモをとっておくこと。

ビデオ分析：ランニング・ポーズ

知ってのとおり、ポーズの構えは最もバランスに優れた姿勢だ。ポーズのアライメントが正しくとれているほど、着地したあとの前傾のポテンシャルが高まる。次の5つの手順に目を通す際は、210〜211ページの画像が参考になるだろう。画像には次の分類で触れる構図が含まれている。

1　**設定**――自分の姿がカメラの正面に入ってフォームがはっきり見える瞬間まで動画を進める。

2　**着地**――足が最初に地面に下りる（体重がフォアフット側に傾き、かかとが地面に軽く触れる）フレームで動画を止める。両脚と支持足が体のどの位置にあるかを見てみよう。足が体の下に着地し、筋肉と腱が体重を素早く吸収してエネルギーを動きに戻せるのが理想的だ【構図1】。脚が股関節（体の重心）の前に出て着地しているなら典型的なオーバーストライドで、足首と膝と股関節がロックされ、これらの関節に衝撃を吸収させてしまう。やがては最も弱い関節が衝撃を吸収しきれなくなり、怪我（たいていは膝か股関節）につながる。

3　**加重**――［進む］をクリックし、ランニング・ポーズに向けて足にさらに体重がかかる次のフレームに動画を進める【初期接地から1フレーム目】。着地の姿勢が正しければこのフレームには、素早い負荷の投入が映し出されているはず。その場合、関節が詰まることはなく、腱で体重を支える必要もない。腱は瞬時の負荷に耐えるようにできている。時間のかかる負荷や安定性を保つための雑多な仕事をこなすのは筋肉のほうが長けている。

4　**ランニング・ポーズ**――そこからフレームを数える。ポーズの姿勢（体重がフォアフットに乗って、かかとがわずかに浮いている【構図3】）になるまでに何フレームかかっているか？　1秒につき30フレームの動画なら、目指すべき基準は1フレームか2フレーム。最初に地面に触れてからポーズまで4フレームかかっているとすれば、体より前に脚を出している典型的なオーバーストライドの可能性がある。

5　**ポーズのアライメント**——ランニング・ポーズになったら、股関節の下についた足に対して垂直方向に一直線の姿勢がとれているか、それとも前かがみになって遊足が体のうしろに流れているかを判断する必要がある【構図4】。もし前かがみにランニング・ポーズをとっていたら、たとえば垂直より5度傾いていたら、前傾のポテンシャルを5度分放棄して、本来同じ努力で出せたよりも遅いスピードで走っていることになる（もし22・5度よりも前傾していたら、うつぶせに倒れかけているところだ）。理想的には、垂直のポーズ【構図4】をとってからフォールの段階【構図5】に入るのが望ましい。支持足のかかとが地面から浮いて引き上げられるまでは何フレームかかっているか？　ランニング・ポーズに入るのに2フレーム、出るのに4フレームかかっているとしたら、足を引くのが遅すぎる。

ビデオ分析：フォール

1　**設定**——自分の姿がカメラの正面に入ってフォームがはっきり見える瞬間まで動画を進める。

2　**ランニング・ポーズ**——最適なポーズのアライメント【構図4】のフレームで動画を止め

る。

3　**加重**――［進む］をクリックし、支持脚のかかとが地面から浮くフレームに動画を進める。これが体重の大部分が指球部から抜けて遊脚に向かう前傾の開始【構図5】。

4　**前傾**――そこからフレームを数える。支持足のかかとが地面から最も浮く（その足を地面から引き上げる直前のフレーム【構図6】）までに何フレームかかっているか？　1秒につき30フレームの動画なら目指すべき基準は1フレームか2フレームなので、ランニング・ポーズから前傾してプルに向かうまで4フレームかかっているとすれば、足の引き上げが遅いということ。遊足が支持脚の膝を通過した瞬間には前傾が終了し、支持足がプルの段階に入るべき。

5　**フォールのアライメント**――フォールのフレームをコマ送りしながら姿勢をチェックする。股関節から上はポーズのアライメントを保っておかなければならない。多くのランナーは腰を曲げると前傾角度が増すと考え、上半身を使って体を倒そうとする。だがニュートンの運動の第三法則が眠ることはない――腰を曲げるという作用にはどうしても脚がうしろに流れる反作用が働き、支持足の接地時間が長くなりすぎる原因となって全体のバランスが崩れてしまう。うちのコーチのなかにはこれをアルファベットのKの字に似ていることから、初心者の犯す間違い、「K字の姿勢ミス」と呼ぶ者もいる。

わかりきった間違いのようでいてやはりやりがちなのが、体を前傾させないことだ。それで

■K字の姿勢ミス

はかかとが地面から離れずに足の上で上半身が硬直し、ブレーキをかけているのと同じことになる。倒れる不安やスピードが増す不安で尻込みしてしまっているのだ。また、ほかのフレームでも、非常によく見る間違いがある。体を前進させるために地面を押しやったり膝を蹴り上げたりすることだ。これについては次の項で詳しく見ていこう。

ビデオ分析：プル

1　**設定**——自分の姿がカメラの正面に入ってフォームがはっきり見える瞬間まで動画を進める。

2　**支持脚交替**——遊足が支持脚を通過し、前傾が終わるのを示すフレーム【構図５】で動画を止める。

3　**飛行期**——そこからフレームを数える。支持足が地面を離れ、両足が浮いている飛行期が始まるまでに何フレームかかっているか？　答えはゼロであるべき。支持足が２フレーム目以降も地面に触れていたら足の引き上げが遅いということ。

4　**足の引き上げ**——引きつづきフレームを数える。片足が着地するあいだに、引いた足が股関節の真下に上がってランニング・ポーズになるまでに何フレームかかっているか？　最適な基準は、飛行期からランニング・ポーズまでがやはり１フレームから２フレーム。

5　**引き上げの位置**——ビデオを巻き戻して、コマ送りしながら引き上げる脚の位置を見る。足は股関節の真下で上がり、足首が逆の脚の膝と同じ高さになって、下半身が数字の４の形になるべき【構図４】。走っているスピードの割に足をお尻のほうまで高く上げすぎる過度な引き上げの兆候がないか気をつける。また、地面を押しやろうとしていないかどうかもよく見る。それでは関節を酷使して、いちばんの味方である筋・腱弾性を活かせない。しかも足を股関節の真下で上げるのではなくうしろに引いてしまうという、足の引き上げに関して最も多く見られる間違いにもつながる。最後に、１９７０年代の究極の間違い、膝か太腿を使って脚を引き上げる腿上げがないかどうかもチェックする。

ポーズ・メソッドのクリニックで何千人もの参加者を分析してきたところ、ビデオ分析で真相を知るまでは、多くの人が足を正しく引き上げていると信じ切っていることがわかった。実際のところ彼らは、股関節の真下で足を引いていない。たいていの場合、ハムストリングスの筋力が足りないせいだ。一定のスピードまでなら前傾と脚の引き上げを遅らせて乗り切ることはできるが、スピードが上がれば深刻な問題になる。**完璧に足を引き上げるには、股関節の下で上げてランニング・ポーズになるというイメージを持たなければならない。**

ビデオ分析：上半身

体が効率よく前進できるように、ポーズ・メソッドのシーケンスを通じて上半身は常にまっすぐ立たせておき、腕と足が自由に動けるように体幹が強くなければならない。**前進動作が胴体ではなくその下で行われていることを常に意識する。**車のシャーシ（車台）は車輪が動くことで移動し、前進にはなんら貢献していないが、それと同じで人の胴体も同乗させてもらっているにすぎず、順調な走行を妨げることは一切するべきではない。

１　プルの分析で中断したフレームからスタートし、次のストライドシーケンスをコマ送りしながら上半身を重点的に見ていく。いずれかのフレームで、あるいはストライド全体を通じて、前かがみになったり上体が反ったりしていればランニング日誌に記録する。繰り返しになるが、体が例のＫの字にならないようにすること。

２　ビデオをさらにコマ送りしていくが、今度は腕の動きをチェックする。腕の主な役割は脚とのバランスをとり、下半身と息の合った最小限の動きで、最大限効率よく体を前進させつづけることだと忘れないように。腕は前後に動いているか、それとも激しく上下に振っているか（その場合、おそらく地面を押しやっているか腿上げをしているかで、修正が必要）を記録する。

間違いを修正する

自分のフォームをコーチの容赦ない客観的視点で分析することは学んだので、修正のためにどんな手段をとるべきかはわかるはずだ。ここから先は、分析して見つけたフォームの間違いに対処するための補正エクササイズを紹介していく。次のランニングサーキットの段階に進んだら、関連するエクササイズを準備運動と筋力トレーニングに組み込むようにしよう。

補正エクササイズ1

ランニング・ポーズの安定性：ポーズを保持する

1. 地面に本などの小さな物、極端に難易度を上げるならメディシンボール（筋力トレーニングやリハビリなどに使われる重量を持たせたボール状の用具）を置き、その上にランニング・ポーズで立つ。

2. その際、指球部だけで体を支え、かかとは端から出しておく。階段を使って行ってもいい。これは体重がかかっている位置への感度を高め、安定筋を強化する。

*はだしで行うと、より知覚が高まる。

補正エクササイズ 2

ランニング・ポーズのアライメント：体の縦軸を補正する

1. ランニング・ポーズで立っている姿を写真に撮り、基準のポーズと比較する。
2. 必要に応じて肩、股関節、膝、腕、頭を動かして支持足と一直線になるように補正を加える。写真を撮れなければ、鏡でチェックするかパートナーに適切な位置に直してもらう。いったん間違いに気づけば知覚が高まり、補正しやすくなる。

補正エクササイズ３

フォールのアライメント：腰折れを補正する

1. 大げさなほど腰を曲げ、上体を起こしながら背骨と肩のアライメントを整える。

補正エクササイズ４

K字の姿勢を補正する

1. 弾力姿勢で両脚跳びをする。これで腰が折れるのを防げる。
2. ランニング・ポーズからの片脚跳びでも同じ修正のエクササイズになる。当然、こちらのほうが高度なので、まずは両脚で跳ぶのを習得する。

補正エクササイズ５

プルの速度：足の引き上げの遅れを補正する

＊ランニング・ポーズに入るまでと出るまでのフレームが同数だったら？　たとえばポーズの前が3フレームであとが3フレーム、あるいはどちらも4フレームだったら？　その場合、バランスは悪くないということだが、では何が起きているのか？　すべてが遅すぎる、もっとスピードを上げる必要があるということだ。そのため、体力と弾力性を高めなければならない。

1. この場合は縄跳びがベストのエクササイズだ。はだしで跳ぶのがいちばんだが、何か履くにしても鍵を握るのは知覚だ。跳ぶ際には指球部で着地することに集中し、足が持つバネ作用を感じよう。

2. 縄跳びの回数を重ねるほど足の引き上げは速くなる。

補正エクササイズ 6

プルの位置：足の引き上げの遅れを補正する

＊足を上げる動作を磨くには強いハムストリングスが欠かせない。エクササイズとしてはアンクルウエイト（足首に巻くおもり）やゴムバンドやウエイトマシン、またはパートナーの抵抗力を利用したさまざまなものがある。足を上げる際に仕事をする筋肉、ハムストリングスを鍛えるのと同時に、引き上げに対する知覚を磨くようにしよう。市民ランナーの多くはハムストリングスが弱く、地面から足を引く感覚をあまり知覚できなかったり、まったくわからなかったりする。

1. 足を腰幅に広げて立ち、片方の足首と背後の固定できるポイントとをトレーニングチューブでつなぐ。
2. 弾力姿勢をとる。
3. 上半身をまっすぐ立てたまま、息を吐きながら太腿を動かさずにかかとを臀部に近づける。太腿は支持脚と並行に保ち、背中は反らさない。
4. 息を吸いながら最初の位置に戻り、これを繰り返す。
5. 脚を替える。コアは終始スイッチを入れたままとする。

補正エクササイズ 7

プルの位置：足の引き上げの遅れを補正する 2

＊これはアンクルウエイトを使ったバリエーションになる。

1. 両足首にウエイトをぴったり巻きつける。
2. 体を支えるために壁か椅子に両手をつく。
3. 上半身をまっすぐ立ててコアを効かせたまま、息を吐いて右の膝を上げながら足をお尻に近づける。
4. 1カウントおいて、息を吸いながら足をゆっくり戻す。
5. 繰り返す。
6. 脚を替える。コアは終始スイッチを入れたままとする。
7. 体を支えていた片手を離し、最終的には画像のように支えなしで行う。

補正エクササイズ８

支持脚交替：飛行期への遅れを補正する

1. 両足首にウエイトを固定して、左脚で立つランニング・ポーズから始める。
2. 股関節の下で左脚を引き上げる。左足は右足が下りるより先に地面から離れなければならない。
3. 筋肉を使わずに右足を自然に地面に落とす。
4. 右足の指球部で着地して完璧なポーズの姿勢になる。
5. 入れ替わった脚で繰り返す。股関節の下で右脚を引き上げ、重心を移して完璧なポーズの姿勢で左足で着地する。

補正エクササイズ9

上半身：胴の不安定さを補正する

1. 胴が不安定かどうかを調べるのにいちばん簡単なのは、腕を肩の高さで前に伸ばし、たがいの指を組んで走ってみることだ。

コーチング戦略を次の段階に進める

ここまで、エリートランナーのように（または改善のプロセスにのめり込む熱心なランナーのように）トレーニングし、頭を働かせてきた。自分のランニング技術の撮影・分析を行い、高いレベルの知覚を手に入れて、この知識を走りの実践に移し、知覚と実践の生産的なループを築いてきた。そしていままでは、ポーズ・メソッドのトレーニングを次の段階に進める修正ツールも存在する。次の項のランニングサーキットを進めていく際には、最低でも３週間ごとに自分のフォームの撮影と分析を行う。どこか間違いを修正すれば、知らぬあいだに別の間違いが入り込んでしまうことがあるので、ストライドのすべての瞬間に細心の注意を払い、必要に応じて修正手段を講じていかなければならない。

ランニングサーキット

次の段階に進む

次の段階は、第2章の10のレッスンと、この章で習得したビデオ分析、および修正のためのエクササイズを土台に、正しいポーズ・メソッドで長い距離を走るための9週間のワークアウト・スケジュールで構成されている。短い項ではあるが、ランニングサーキット自体はプログラムで最も長いパートになる。焦らずに進めよう。それが筋力強化プログラムの質を上げることにもつながる。

筋力トレーニングのレベルアップ

第1章で、筋力トレーニングの難易度を上げたバージョンが後半に出てくると予告したのを憶えているだろうか？　レッスンのあいだも油断せず筋力トレーニングを続けてきていれば、レベル2のメニューに進む準備はできているはずだ。ランニングサーキットの筋力トレーニングのパートにきたら、レベルアップしたメニューを当てはめよう。

筋力トレーニング・レベル 2-1

片脚を上げて行う上を向いたヒップディップ

1. 床に座って肩の真下で手をうしろにつき（手のひらを下、指を足と反対に向ける）、脚を前に伸ばす。
2. 伸ばした左脚を床から50cm ほど上げる。
3. 手と右のかかとで体重を支えながら腰をできるだけ高く持ち上げる。
4. 最初の姿勢に戻り、これを10回繰り返す。
5. 脚を替えて繰り返す。

筋力トレーニング・レベル 2-2

片脚を上げて行う下を向いたヒップディップ

1. プッシュアップ（腕立て伏せ）の姿勢をとる。腰はたわませ、手を肩の真下について腕を伸ばし、足の指を立てる。
2. 腰をまっすぐ持ち上げ、ヨガのダウンドッグ（下を向いた犬のポーズ）に似た逆さのV字をつくる。このとき右脚を腰の高さに上げて伸ばす（右足首から右耳までが一直線になる）。これで腕と片脚だけで体を支えている状態になる。股関節を水平に保ち、左右にひねらないようにする。
3. 最初の姿勢に戻り、これを10回繰り返す。
4. 脚を替えて繰り返す。

筋力トレーニング・レベル 2-3

片脚を上げて行うサイド・ヒップディップ

1. 左腕を伸ばし、手を肩の下について上半身を支えたサイドプランクの姿勢をとる。腰は床につけておく。
2. 右脚を左脚の真上30cm ほどに上げる。
3. 腰をできるだけ高く持ち上げる。
4. 腰を最初の位置に戻し、これを10回繰り返す。
5. 腕を替えて繰り返す。

筋力トレーニング・レベル 2-4

かかとを上げて行う自重スクワット

1. 足を肩幅より少し広めに開いて立ち、両腕を肩の高さでまっすぐ前に伸ばす。

2. 重心を前に移して全体重を指球部にかけ、かかとを少し上げる。

3. 体重を指球部にかけたまままお尻をななめうしろに引き、できるだけ深く腰を下ろしてしゃがみ込む。

4. 最初の姿勢に戻り、これを10回繰り返す。

ランニングサーキットのデザイン

すべてを組み立てると、今後9週間のプランができあがる。ランニングサーキットは4ラウンドのドリルで構成され、各ドリルには時間を限定したランニングインターバルが含まれる。このワークアウトを週に3日、あいだに1日か2日の休日をはさみながら行う。予定していたワークアウトを1日でも休んでしまったら、そのプランを1週間に3日終えるまでは翌週のプランには進まないこと。

ワークアウトは体力に見合った無理のないペースで走るようにデザインされている。これは新しい技術を習得するものであって、自己ベストを狙うものではない。それを常に心に留めておこう。**ランニングが組まれている目的はスピードをつけることではなく、ドリルを徐々に自分の自然な走りに取り込むことであり、最終的にはすべてを一体にすることが目標だ。**考えすぎることはない。「すべてをひとつに」や「一体化する」といった手がかりになるシンプルな言葉を自分にかけて、あとは体の知恵に任せればいい。

ワークアウトの前には引きつづきランニング日誌に「集中ポイント」を記入し、当初から続けてきた準備運動を行う。そして最後はレッスンの際に行っていたように、筋力トレーニングで終える。つまり、週に3度こなす課題は次のとおりだ。

1　ランニング日誌に「集中ポイント」を記入
2　準備運動
3　次のスケジュール表に示すランニングサーキット（1日にラウンド1から4を行う）
4　筋力トレーニング（レベル2に難易度を上げたエクササイズを各15回）
5　日誌に「セッション後の振り返り」を記入

最後に、3週目と6週目と9週目（スケジュール表の＊印の付いた週）の終わりには忘れずにビデオ撮影をすること。

9週間のランニングサーキット

＊印の週にビデオ撮影をする

	ラウンド1	ラウンド2	ラウンド3	ラウンド4
1週目	ランニング・ポーズ保持のドリル（P128）を片脚30秒ずつ。続いてランニング・ポーズに集中しながら3分走る。	ティンバードリル2（P182）を片脚3回ずつ。続いてフォールに集中しながら3分走る。	支持脚交替ドリル（P148）を片脚3回ずつ。続いてプルに集中しながら3分走る。	ラウンド3までのドリルを1つ。続いて1日のトレーニングすべてを走りに組み込むことに集中しながら3分走る。
2週目	ランニング・ポーズ保持のドリル（P128）を片脚30秒ずつ。続いてランニング・ポーズに集中しながら4分走る。	ティンバードリル2（P182）を片脚3回ずつ。続いてフォールに集中しながら4分走る。	支持脚交替ドリル（P148）を片脚3回ずつ。続いてプルに集中しながら4分走る。	ラウンド3までのドリルを1つ、合計1分。続いて1日のトレーニングすべてを走りに組み込むことに集中しながら4分走る。
3週目＊	ランニング・ポーズ保持のドリル（P128）を片脚30秒ずつ。続いてランニング・ポーズに集中しながら5分走る。	ティンバードリル2（P182）を片脚3回ずつ。続いてフォールに集中しながら5分走る。	支持脚交替ドリル（P148）を片脚3回ずつ。続いてプルに集中しながら5分走る。	ラウンド3までのドリルを1つ、合計1分。続いて1日のトレーニングすべてを走りに組み込むことに集中しながら5分走る。

	ラウンド1	ラウンド2	ラウンド3	ラウンド4
4週目	足のタッピングとランへの移行ドリル(P190)を片脚3回ずつ、続けて前進フロントランジドリル(P192)を10m行い、そのままランニング・ポーズとプルに集中しながら6分走る。	ティンバードリル2(P182)を片脚3回ずつ、続けて倒れ込みとランへの移行ドリル(P184)を10m行い、そのままフォールに集中しながら6分走る。	支持脚交替ドリル(P148)を片脚3回ずつ、続けて支持脚交替前進ドリル(P172)を10m行い、そのままプルに集中しながら6分走る。	ラウンド3までのドリルを1つ。続いて1日のトレーニングすべてを走りに組み込むことに集中しながら6分走る。
5週目	足のタッピングとランへの移行ドリル(P190)を片脚3回ずつ、続けて前進フロントランジドリル(P192)を10m行い、そのままランニング・ポーズとプルに集中しながら6分走る。	ティンバードリル2(P182)を片脚3回ずつ、続けて倒れ込みとランへの移行ドリル(P184)を10m行い、そのままフォールに集中しながら6分走る。	支持脚交替ドリル(P148)を片脚3回ずつ、続けて支持脚交替前進ドリル(P172)を10m行い、そのままプルに集中しながら6分走る。	ラウンド3までのドリルを1つ。続いて1日のトレーニングすべてを走りに組み込むことに集中しながら6分走る。
6週目＊	足のタッピングとランへの移行ドリル(P190)を片脚3回ずつ、続けて前進フロントランジドリル(P192)を10m行い、そのままランニング・ポーズとプルに集中しながら6分走る。	ティンバードリル2(P182)を片脚3回ずつ、続けて倒れ込みとランへの移行ドリル(P184)を10m行い、そのままフォールに集中しながら6分走る。	支持脚交替ドリル(P148)を片脚3回ずつ、続けて支持脚交替前進ドリル(P172)を10m行い、そのままプルに集中しながら6分走る。	ラウンド3までのドリルを1つ。続いて1日のトレーニングすべてを走りに組み込むことに集中しながら6分走る。

	ラウンド1	ラウンド2	ラウンド3	ラウンド4
7週目	支持脚交替ドリル(P148)を片脚3回ずつ、続けて支持脚交替前進ドリル(P172)を10m行い、そのままプルに集中しながら6分走る。	ティンバードリル2（P182)を片脚3回ずつ、続けて倒れ込みとランへの移行ドリル(P184）を10m行い、そのままフォールに集中しながら7分走る。	足のタッピングとランへの移行ドリル(P190)を片脚3回ずつ、続けて前進フロントランジドリル(P192）を10m行い、そのままランニング・ポーズとプルに集中しながら7分走る。	ラウンド3までのドリルを1つ。続いて1日のトレーニングすべてを走りに組み込むことに集中しながら6分走る。
8週目	支持脚交替ドリル(P148)を片脚3回ずつ、続けて支持脚交替前進ドリル(P172)を10m行い、そのままプルに集中しながら6分走る。	ティンバードリル2（P182)を片脚3回ずつ、続けて倒れ込みとランへの移行ドリル(P184）を10m行い、そのままフォールに集中しながら7分走る。	足のタッピングとランへの移行ドリル(P190)を片脚3回ずつ、続けて前進フロントランジドリル(P192）を10m行い、そのままランニング・ポーズとプルに集中しながら7分走る。	ラウンド3までのドリルを1つ。続いて1日のトレーニングすべてを走りに組み込むことに集中しながら6分走る。
9週目＊	支持脚交替ドリル(P148)を片脚3回ずつ、続けて支持脚交替前進ドリル(P172)を10m行い、そのままプルに集中しながら6分走る。	ティンバードリル2（P182)を片脚3回ずつ、続けて倒れ込みとランへの移行ドリル(P184）を10m行い、そのままフォールに集中しながら8分走る。	足のタッピングとランへの移行ドリル(P190)を片脚3回ずつ、続けて前進フロントランジドリル(P192）を10m行い、そのままランニング・ポーズとプルに集中しながら7分走る。	ラウンド3までのドリルを1つ。続いて1日のトレーニングすべてを走りに組み込むことに集中しながら6分走る。

トラブルシューティング

ポーズ・メソッドの各段階（ポーズ、フォール、プル）の問題を解決するには、問題の領域を特定して修正のための戦略をとり、修正したものを自分の走りに再び組み込む必要がある。「自分のコーチになる」の項（209ページ）では、ビデオ分析に関する重要なスキルや技術と、修正策を授けた。そのプロセスを習得することと〝トラブル解決人〟の心構えを持つことが成功の鍵となるだろう。

ランニングサーキットをこなすにあたっては、集中力を意識的に鍛えつづけなければならない。**ポーズにおいて集中力は知覚と密接に関連している。走っているときには、体で起きていることにとことん意識を向ける必要があるからだ。**必ずしもレーザー光線のような一点集中とは限らない。むしろ多くの場合、リラックスした状態で、全身に気を配ることが必要になる。大事なのはその瞬間、瞬間の気づきであり、注意力散漫になって仕事や夕食のこと、大切な人とさっきやり合った喧嘩に気を取られてしまわないことだ。このプロセスで重要なツールがランニング日誌になる。

次に示すのは、ポーズ・メソッドの各段階のドリルとエクササイズ、ランニング日誌の記入例だ。**どこかてこずっているところがあれば、所定のドリルとエクササイズを最大3回まで、セット間に1分間の休憩を入れながら重点的に取り組む。**所定のドリルに少し多めに時間をかつけて、自分の考えを日誌に書きとめることは、新しい技術を習得するという課題の克服に役立つはずだ。

着地のトラブルシューティング

特に大きな課題をふたつ挙げるとすれば、おそらくフォアフットでの着地と、着地の際に股関節の下に足をつくことだろう。これは常に強化していく必要がある。

▼ランニング日誌の記入例
常にスイートスポットに当てる

着地は毎回フォアフットで、自分にとってのスイートスポットでしたいと思っている。スイートスポットに当たると走るのが楽に感じられて、体が消耗されている気がしない。だから着地を全部、常にスポットに当てようと必死にがんばっている。いまはまだ、走っているうちにかかと着地になっていく傾向がある。その場で走るなら、スイートスポットに当てるのは簡単だ。むしろかかと着地は想像もできない。考えるだけでも痛いくらいだ。ところが動き出すと、スイートスポットに命中させるのが難しくなる。その場でのランニング動作を動きに持ち込む必要がある。10秒から20秒、その場で走ってからスタートしよう。

■処方

スイートスポットをよく知るには次のドリルとエクササイズが有効。

・ドリル：体重知覚ドリル（118、119、127ページ）
・ドリル：足のタッピングとランへの移行ドリル（190ページ）
・エクササイズ：自重スクワット（102ページ）

▼ランニング日誌の記入例

はだし実験

試しに、公園の芝生にベアフットランに行ってみた。走ったのはほんの短い距離、40メートルくらいだ。自分のスイートスポット、完璧な着地をよく知ろうというのが目的だった。はだしで走ってみて、シューズを履いているときとのこんな違いに気づいた。

・着地が静かだった
・指球部で着地していた
・ほとんど股関節の下で着地していた
・上半身がいつもよりまっすぐ立ったままだった
・集中できていた。恐怖心からか、ただ初めての経験だったからかもしれない。意識が厳戒態勢だったのは間違いない。ポーズで特に難しいのは、一歩一歩、常に気をゆるめずにい

ること、ぼうっとして元のランニングパターンに逆戻りしないことだ

フォールのトラブルシューティング

「倒れる」のは簡単そうでいてかなり難しい技術だが、その理由は一風変わっている。「身を任せる」、つまり「あまり多くをしない」ことが足かせになるのだ。しかも、乗り越えなければならない心理的恐怖（毎回体を支えられないのではないか、よろめいてしまうのではないかという不安）を引き起こす。だからこそ、倒れ込みのドリルを続ける必要がある。基本のドリルでは倒れる感覚に意識を集中し、その後、前進の動きを加えて、倒れ込んで足を出していくという意識の高まりを維持する。

▼ランニング日誌の記入例

身を任せる恐怖

フォールにてこずっている。まだいろいろコントロールしようとしすぎてしまい、古いパターンに支配されているからだ。短いあいだは前傾して走っているのに、また〝安全走り〟というやつに戻ってしまう。股関節の下じゃなく、体の前に足を出して着地している。フォールはちょっとした逆説のようだ。身を任せなければならないのに、この新しい走り方を覚えようとしているいまの段階では、意志による行為でもあるからだ。

■処方

フォールをよく知るには次のドリルとエクササイズが有効。

・ドリル：ティンバードリル（141ページ）
・ドリル：倒れ込みとランへの移行ドリル（184ページ）
・エクササイズ：前進ジャンプドリル（165ページ）

▼ランニング日誌の記入例

身を任せる恐怖

フォアフット着地のことを初めて知ったときには、それは積極的に狙っていくものだと思っていた。かかと着地を積極的に狙って決めていたように。だから、フォアフット着地は倒れ込みの結果であって、積極的にするものではないとロマノフ博士から聞いたときには驚きだった。うまく理解できなかった。当時は新しい技術の多くが、フォアフット着地か、かかと着地かの話ばかりだったから、私としてはフォアフット着地を積極的に試さずにはいられなかった。どうせこっちをあっちに換えればいいだけだろうくらいに思っていた。ところがそんな単純な話ではない。むしろ全面的な見直しのようなものだ。身を任せて倒れ込み、股関節の下で、フォアフットで体を受け止めなければならないのだ。倒れ込む感覚を体に覚えさせるため、倒れ込みドリルをやり続けなければならない。

プルのトラブルシューティング

最後に、プルの問題に立ち向かおう。プルは多くの場合、最適なランニングのための最大の難関になる。タイミングが遅れたり足を引き上げすぎたりしがちだからだ。プルとは股関節の下で足を積極的に引き上げ、飛行期に入る過程のことだ。筋活動なので、この動きに使われる筋肉の強化が重要になる。足の引き上げにかなり苦戦していて、体力をつける必要があると考えているなら、まずはハムストリングスの強化が第一歩だ。

▼ランニング日誌の記入例
身を任せる恐怖

今日走るときには、支持期の動的過程としてランニング・ポーズになるのを感じたいし、プルにもっと集中したい。これまでランニング・ポーズは動的なものというより静的なもののように勝手に思い込んでいた気がする。だからプルのタイミングが遅れてしまう。

そこでプルに集中しようと思う。ハムストリングスが足をお尻に引き寄せるのを感じ、遊足が支持脚を通過した瞬間にプルの仕組みが発動するのを感じ、どれだけ高く足をお尻に引き寄せたら、それに合わせてどれだけのスピードが出ているのか、正しい振幅を感じたい。足を引き上げる高さとスピードとの関連性を感じてみたい。足を引くことによって体が持ち上がり、飛行期に入る。走るときは——倒れる、飛ぶ、着地する、だ。

■処方

プルをよく知るには次のドリルとエクササイズが有効。

・ドリル：支持脚交替ドリル（148ページ）
・ドリル：支持脚交替前進ドリル（172ページ）
・エクササイズ：かかとタッチジャンプ（94ページ）

▼ランニング日誌の記入例

優先順位の設定と混乱

優先順位をつける必要がある。これは今週、自分の走りについて考えるべきことのリストだ。

・かかと着地を積極的にしていたみたいに、フォアフット着地をするべき義務のようにするのをやめる
・体を倒した結果として着地する
・プルに集中する
・股関節の下で体を支える

・支持の時間をできるだけ短くする

これは自分に言い聞かせる必要がある。混乱しても大丈夫。苦戦しても大丈夫。長いあいだずっとひとつのやり方で走ってきて、そのパターンが深く染みついてしまった。それが私のデフォルトパターンだし、だから逆戻りもしてしまう。しかもこれまでにない筋肉の使い方をしている。ポーズ・メソッドは難しい。身を任せ、あまり労力を使わず、より効率的になることだからだ。それなのに私はせっせとがんばってしまっている気がする。昔のプロテスタントの労働倫理だ。だがポーズ・メソッドでは身を任せ、多くをしないことが求められている。おかげでうしろめたい気がして、つい抵抗してしまう。

プロセスを楽しむ

課題はみな人それぞれなので、トラブルシューティングの策をどう使うかは必要に応じて変わってくる。ランニングサーキットでは、段階によってさまざまな課題が生じるかもしれない。ここからは課題を特定して問題を修正し、それを組み込む作業をしていくことになる。そして最終的には、ひとつに統合することを目指す。偉大なランナーたちでさえ常に微調整の日々だ。あなたも今後、生涯にわたって細かな調整を続けていくことになるだろう。それがランニングの理論と実践のすばらしいところであり、多くの人から愛される理由でもある。絶えず学習しては改善することが繰り返されていくのだ。

さて、最後のポイントになるが、どのワークアウトも事前に199ページで説明した視覚化ドリルをしておくと有効な訓練になる。練習すればするほど視覚化はうまくなるはずだ。続けていれば大きな見返りがあるだろう。また、ポーズ・メソッドのコミュニティやウェブサイトもトラブルシューティングの頼もしい助けとなる。

トラブルシューティング・ドリル1

へそに指を当てる

＊このドリルの目的は体が前傾できているかどうかを確認すること。ランニング中、いつ行ってもかまわない。

1. ランニング中、中指と人差し指を軽くへそに当てる。
2. 1歩ごとにその指に体を倒す。
3. 指が圧迫されなければ本当に体を倒してはいない。身を任せ、足を出すたび体の中心から前傾すること。

トラブルシューティング・ドリル 2

腰に手を当てる

＊このドリルの目的は上半身の位置を確認すること。ランニング中、いつ行ってもかまわない。

1. ランニング中、どちらかの手のひらを軽く腰に当てる。
2. 腰が曲がっていないか確認しながら走るようにする。もし曲がっていれば上半身がまっすぐ立った正しい位置に戻す。
3. 腰が不自然に反っていると感じたら、背骨をニュートラル（自然なカーブ）に戻す。

トラブルシューティング・ドリル３

体の前で指を組む

＊このドリルの目的はオーバーストライド、足の引き上げの遅れ、前傾のしすぎがないかどうかを確認すること。ランニング中、いつ行ってもかまわない。

1. ランニング中、腕を肩の高さで前に伸ばし、両手の指を組む。

2. 腕が左右に動くとすればオーバーストライドになっている。

3. 上下に動くとすれば足を上げるタイミングが遅れている。

4. 下を向くとすれば腰が曲がっている。

トラブルシューティング・ドリル 4

体のうしろで指を組む

＊このドリルの目的は前傾しすぎていないか、股関節の下で着地できているかどうかを確認すること。ランニング中、いつ行ってもかまわない。

1. ランニング中、背中のうしろで両手の指を組む。
2. 上半身のアライメントは垂直になっているか、それとも前かがみに感じるか?
3. 足は股関節の下に着地しているか?
4. どちらにしてもまっすぐな姿勢になるように調整し、股関節の下で着地することに集中する。

さまざまなサーフェスを走る

全路面ガイド

ランニングサーキットのパートをいつものランニングコースでこなしてもまったく問題はないが、おすすめなのは（それにもっとずっと楽しいのは）、さまざまな路面を走ったり、できれば履物を減らしたり（履かなかったり）して変化をつけることだ。

この項では、トレッドミル（ランニングマシン）やトレイル（未舗装道路）、砂地、さらには上りや下りを走るためのコツを紹介していく。

トレッドミル

トレッドミルは天気の悪い日や極端に寒い冬のあいだでもいつでも走れるツールであり、ただ便利だからと利用されることもある。また、状況によっては、唯一現実的な選択肢になることもある。とはいえ、**トレッドミル走はロードランニングと同じではないので、いくつか調整を行うべきだ。目的はいつもどおり、最適な生体力学によって怪我なく走ることにある。**

・**靴を脱ぐ**――トレッドミルをはだしで走るのは、指球部のスイートスポットを知るいい手段になる。はだしで走るのがジムで禁止されているなら、靴下で走ろう。やはり用心はすること。

・**傾斜を1から3パーセントに設定する**――この傾斜角度ならロードランニングのときのように体を前傾させることができる。

・**体をまっすぐ立てておく**――手すりにつかまったり腰を曲げたりしない。ポーズのアライメントを保つこと。

・**ケイデンスに集中する**――トレッドミル走では、スピードの上げ下げで変わるのは主にケイデンス（決まった時間内の脚の回転数）になる。トレッドミルで走っているときのほうが、高ケイデンスを格段に維持しやすい。ここでケイデンスを上げておくことがロードランニングでケイデンスを上げることにつながる。

トレイルランニング

トレイルランニングは気持ちが浮き立つかもしれない。人の多い道を離れて、自然のなかを走るからだ。場所は森や山である必要はない。街中の公園や緑地帯でもかまわない。

ロードでは路面が非常に均一で安定しているが、トレイルでは一歩ごとに足元が変化する可能性がある。曲がりくねったでこぼこ道を走ると、足首を捻ったりころんだりしやすくなる。

そんなときは、怪我と治療法について取り上げた次の項を参照しよう。

だが、そんな危険にも利点がある。トレイルを走るときには**意識と注意が（したがって知覚が）数段上がり、いましていることに集中する。**曲がりくねったでこぼこ道で**バランスよく筋肉や靭帯や腱や関節が鍛えられる。**さまざまな角度や姿勢で着地することを下半身に教えることで**総合的な基礎体力がつき、怪我をせずにいられることにつながる。**予測できない環境で走れば、**臨機応変で機敏な反応システムが養われ、さまざまな状況に備えるための筋神経系が鍛えられる。**また、**優れた心理トレーニングにもなり、走行状況の急な変化に動揺したり注意散漫になったりしないように準備もできる。**

近場にいいトレイルがあるなら、トレイルランニングをプログラムの柱にして、通常の路面を走る回数は少なめでも問題ない。お気に入りのトレイルが遠方にあるなら、トレーニング段階の最後のご褒美、毎日の決まりきったルーティンからの心理的な息抜きにしてはどうだろうか。

では、トレイルランニングについて、いくつかアドバイスしておこう。

・**2倍の目で見る**——10から15メートル先に何があらわれるかを確認するためにじっと前を見つつ、数歩先に危険な兆候がないか、すぐ目の前の地形も素早くチェックしておく。
・**歩幅を狭める**——バランスが肝心なため、歩幅を狭めて体の下で指球部で着地しやすくする必要がある。そこが最もバランスのとれるところで、足が滑ったりするのを防ぐことにつながる。

・**軽快に着地する**――トレイルランニングではとびきり軽い足取りで、緊張するよりリラックスして走る必要がある。

・**スピードを変える**――娯楽としてのトレイルランニングではスピードは問題ではないが、ペースをいろいろ変えて走るいい機会になる。平らな直線道に出たら、そのチャンスにペースを上げてみよう。

砂を走る

ひと口に砂と言っても、でこぼこしたやわらかい砂浜を走るのは、最高にきついワークアウトのひとつかもしれないし、硬くしまった砂地なら楽勝だろう。どちらにしてもメリットは多い。**筋肉と靭帯が鍛えられ、脚の筋バランスが整い、関節が安定し、有酸素能力が向上し、地面とやりとりするスキルが磨かれ、何よりバランスよく筋力が向上する。**

さらに、砂地を走ればオーバーストライドはほぼ不可能になる。地面を離れる際に足で押しやる癖や、かかとで着地してミッドフットからつま先へと順番に体重を乗せる癖が直らず苦労しているなら、適切なランニング技術の感触をつかむのに砂地を走るのは非常に効果的に感じられるだろう。砂にかかとを突っ込めば、すぐに動きが取れなくなる。だが軽いタッチで走り、小さな歩幅で指球部で着地すれば、それほど足が砂に入り込むことはなく、もっと楽に、速く進む。

砂上のランニングには、従来の時間的、距離的意味でのワークアウトとしてではなく、ランニング技術の全般的な習得と体力強化に役立つものとして臨まなければならない。やわらかな砂地はワークアウトの強度を自然と上げて、スプリントワークやウエイトベストを着たランニングのような効果を生む。筋肉にも心血管系にも負荷が増す。当然、脚の筋肉は燃えるだろう。息が切れるだろう。ふくらはぎと大腿四頭筋も痛むだろうが、その痛みは筋肉がいままさに強化されているしるしだと理解しよう。

では、砂を走るためのガイドラインを紹介しよう。

- **短いランから始める**——初めはウォーキングインターバルをはさみながら走ること。
- **自尊心ではなく技術を優先する**——走るのは正しい走法が維持できないと感じるまで。フォームが崩れたあとまで無理に続けないこと。
- **変化をつける**——トレーニングプログラムがきつくなってきたら、長めのランにテンポ走や長めのインターバル、スプリント、硬い砂とやわらかい砂でのランを交ぜて砂上ランニングに変化をつける。
- **傾斜に気をつける**——砂浜には水際に向かってややきつい傾斜がある。そうした砂浜を一方向だけに走ると、最終的には体がその地形に合わせて無意識に補正を行うことになり、消耗性の損傷につながりかねない。両方向に走るか、傾斜がきつくないところまで水際から離れるかしてバランスをとるようにすること。

上り坂を走る

こう言うと意外かもしれないが、上り坂は下り坂より、もっと言えば平坦路より、少なくとも技術的な観点からすれば走りやすい。

上り坂では、平坦路を走っているときには犯しやすい（そして下り坂ではさらに犯したくなる）ミスの多くが出づらいからだ。上り坂では歩幅が狭くなる。坂を上りながらオーバーストライドやかかと着地になったり、地面を押しやったりするのは難しいものだ。

では、上り坂を走るためのガイドラインを見ていこう。

・走っているあいだは同じランニング・ポーズのアライメントを保つ。腰を曲げないこと。
・いつもより歩幅を狭く、脚の回転頻度を上げる。
・体重を常に足の指球部に乗せる。
・足を引き上げる動作を常に短くする。
・地面を押しやったり脚をまっすぐ伸ばしたりしない。

下り坂を走る

下り坂は正しい技術で走るのが最も難しい。利用できる重力が大きくなるためだ。そのためこの重力の増大に対応するには、技術の調整が必要になる。**体を前傾させることを重視するのではなく、指球部の支点の真上に体をまっすぐ保つことに意識を集中する。また、股関節の下で着地することにもいちだんと気を配る必要がある。**下り坂では、ついオーバーストライドになるのは仕方ないのかもしれない。猛烈な勢いで坂を下りはじめてしまいがちだが、それでは体の前に出た脚への衝撃が増して、きわめてマイナスな結果をもたらすことになる。

また、下り坂では平坦路を走るのに比べて**筋力をあまり使わず、地面からの足の引き上げは最小限（地面から少しだけ離れる程度）にして、平坦路よりケイデンスを上げるべきだ。**そうすればペースをコントロールできなくなることはない。さらなるヒントもいくつか紹介しておこう。

・その場で駆け足をするように、指球部の支点の上に体重を乗せて、体の位置を正しく保つ。
・脚を伸ばして体の前に出さない。できるだけ股関節の下に近いところに着地する。
・足の引き上げに集中することで歩幅を狭める。
・ケイデンスを上げる。

・足の引き上げ動作を短く（地面との接触を断つぎりぎり程度に）保つ。

一般的なランニング損傷

予防と治療

一般的なランニング損傷は、たいていの場合、**技術がお粗末なことによる過剰負荷（間違ったタイミングで間違った場所に多くの体重をかける）と、支持組織の誤用（するべきでないことをさせる）の積み重ねによって生じる。**怪我の第一段階は急性期だ。このあいだは痛みに苦しみ、トレーニングを休まなければならない。そうなると、自己治癒か、痛みが治まるのをただ待つか、医療機関にかかるかのどれかだ。いい知らせがある。この３つのシナリオすべてで、怪我はたいていよくなる。そして、悪い知らせもある。痛みと怪我はぶり返すことが多く、悪循環を繰り返す。やがて怪我は慢性化し、付き合っていかなければならないものになる。

こんな果てしないサイクルに陥るのは、怪我の原因ではなく症状を治療しているからだ。本来は、原因である技術面の欠陥を正さなければならない。そこで、この項で取り上げる戦法は〝技術の医者になる〟ことだ。**根本原因である技術の誤りを正すことで怪我に対処していく。目的は、悪循環を止めること。**

技術の誤りはポーズ・メソッドの３つのフレームのどこかで発生する。そのフレームに特に

■一般的なランニング損傷

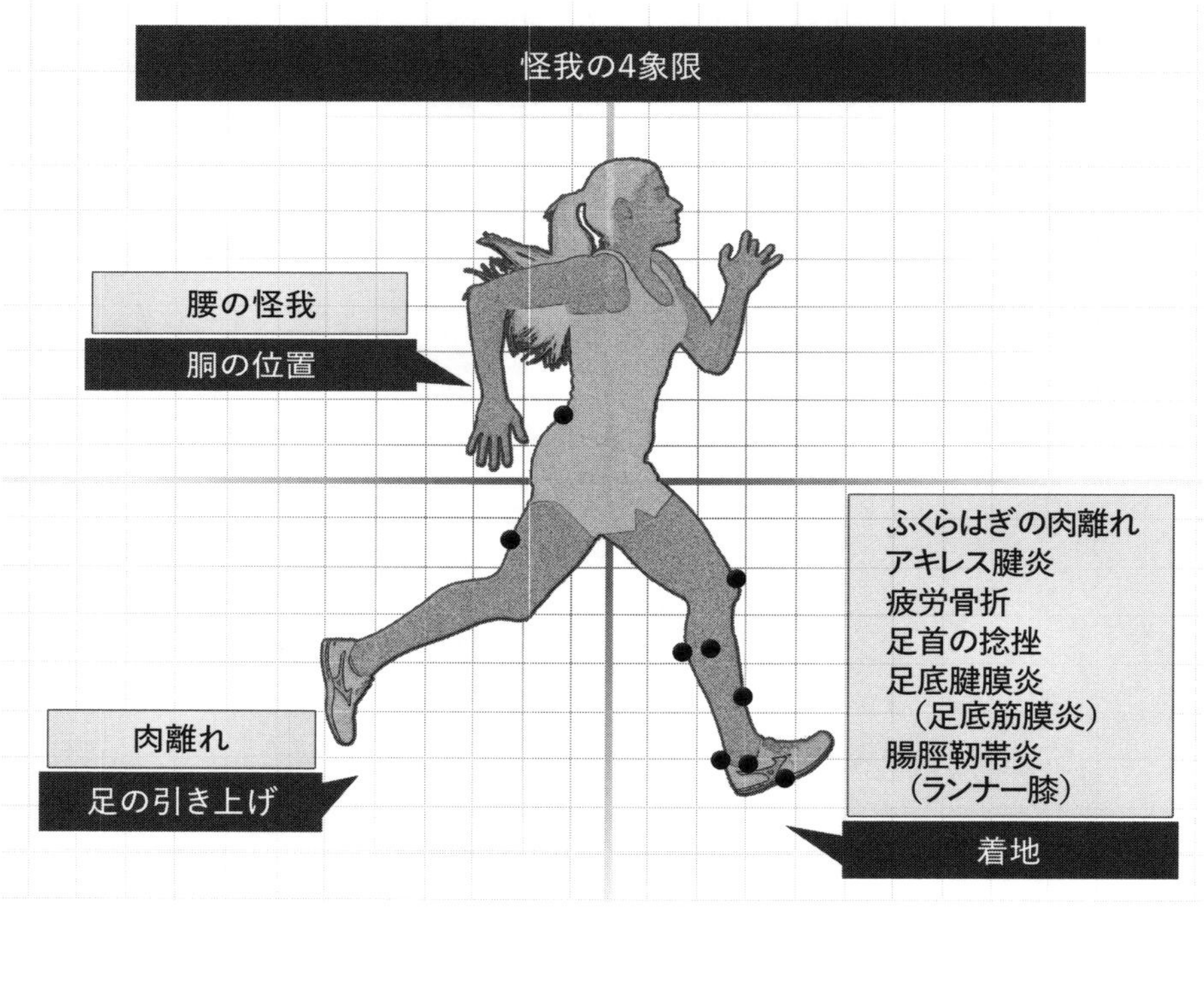

注意を払うことで、技術のズレを標準に戻していこう。怪我はこんなふうに、技術について厳しいながらも貴重な教訓を与えてくれる。ただし、正しく診断を下せるかが鍵となる。**痛みと怪我はほぼ１００パーセント、着地の仕方によるものだ。問題のほとんどはオーバーストライド（体より前方に着地）になって腰が曲がっていることに起因する。**これでは、体が怪我をしやすい姿勢になってしまう。右の図は、怪我のほとんどが着地のあいだに起きていること、より正確には、支持期（足が地面についている段階）の前半に起きていることを示している。

膝の痛み

膝の痛みの主な原因は体の前方で着地すること（オーバーストライド）にある。これは次のようにして起きるのが一般的だ。

・膝をロックして体の前で着地している。
・膝を曲げすぎた状態で体の前で着地している。

どちらのケースも膝関節と腱や、軟骨、関節まわりの靭帯に過度のストレスがかかる。脚は体の前に着地したりロックしたりするとバネのような働きができない。そのため関節が衝撃を吸収することになる。だが膝関節は余分な重さや負荷に耐えるようにはできていない。それは筋肉の仕事だからだ。

■矯正手段

1 体を前傾させて走り出し、足を股関節の下で引き上げることと指球部で着地することに集中しながら、足がもともと持っているバネ作用を感じる。

2 20メートルから30メートル走る。

3 これを3回から5回繰り返す。

腸脛靭帯炎（ランナー膝）

膝の痛みと原因は似ている。体の前で着地することだ。主な違いは、**足首と膝をロックした状態での〝ワイドランディング〟と定義されるもので、これでは股関節が前進できない。**

つまり、本来の腰幅より外に着地して（着地の足幅が広すぎる）、前進するには脚を外に曲げるしかない。すると、横の動きが過剰になる。このようなワイドランディングでは、長い支持時間を補うために着地のたびに股関節（体の重心）が調節を行わなければならない。これが腸脛靭帯に炎症を引き起こす。

■**矯正手段**

支持脚交替前進ドリル（172ページ）を一度につき10メートル、5セット行う。

足底腱膜炎（足底筋膜炎）

ランナーのあいだに広まるこの怪我は、やはり**体の前で着地することと、足首と足が硬直（緊張）していることが根本原因**で、そのパターンには4種類ある。

・かかと着地のあとにニュートラルな着地のパターンになり、それが原因で足裏で地面を叩いたり足が緊張したりする。
・足を緊張させてミッドフット着地する。
・足を緊張させて積極的に着地する——足指を緊張させ、足全体をカップ型にして、力を使って積極的に下ろす。
・シューズがきつすぎて、足を窮屈な状態で無理やり押し込む。

■**矯正手段**

1　体重知覚の3つのドリル（118、119、127ページ）をすべて行う。
2　1分間の縄跳びをする。それを3分まで延ばしていき、リズムに気をつけて、指球部での正しい着地パターンを強化する。

シンスプリント

やはり**体の前で足をつくことが原因。それによって下腿（膝から下）が地面に垂直ではなく斜めに着地することになる**（それが疲労骨折とコンパートメント症候群も引き起こす）。しかも、荷重を加えたときには脛骨体にも影響が及ぶ。関節は荷重を受けて抜重するようにできている。荷重を保持するようにはできていない。しかも、積極的な着地のあいだには衝撃があり、振動作用を生じて骨膜組織が骨から離れることにもつながる。

■矯正手段

支持脚交替ドリル（148ページ）を10回、1回ごとに3秒の休憩をはさんで行う。目的は、足を股関節の下について脛骨に荷重を加えず着地するのを体に覚えさせること。

腰痛

またも**体の前に足をついて着地することが主な原因。この着地を補おうと、上半身を垂直に保たず前かがみになると腰にダメージを与える。**

■矯正手段

弾力姿勢から壁への倒れ込みドリル２（１８０ページ）を５回、ランニング・ポーズから壁への倒れ込みドリル２（１８１ページ）を片脚５回ずつ行う。下半身から倒れ込み、上半身はまっすぐ立たせておくことに集中する。

アキレス腱炎

この症状は、足首をロックして着地するせいで、かかとが地面に触れられないことによって発症する場合が最も多い。これではアキレス腱にストレスがかかり、伸びて衝撃を吸収することができない。ほかにも、足で地面を押して前進しようとすることも原因になる。どちらの場合も対抗する力が発生して、アキレス腱がまともに伸びずに抜重できない。さらにこれは連鎖効果もある。アキレス腱は衝撃を吸収するための防御の最前線で、衝撃はそこからアキレス腱以外の部分に広がっていく。もしアキレス腱が荷重を受けられないと、体のほかの部分がダメージを負うことになる。

■矯正手段

１　縄跳びを１秒当たり３回もしくは１分当たり１８０回のリズムで、片脚ずつ交互か両脚で跳ぶ。30秒から1分を3セットから5セット行う。

2　支持脚交替前進ドリル（172ページ）を一度につき10から15メートル、3セットから5セット行う。

3　1分から3分の軽いランに出る。足首をリラックスさせ、指球部で着地したあとにかかとを地面に軽く触れさせることに集中しながら3セットから5セット走る。

矯正手段が効かない場合

もちろん、感じている痛みがどの程度かを考慮することが重要になる。強い痛みでないのなら、悪化して疲労骨折や軟骨のすり減り、筋や腱の断裂に至る前に問題を解決できる可能性が高い。だが痛みの度合いがひどければ、怪我を悪化させないようにランニングのエクササイズはすべて控えたほうがいい。

また、最初はゆっくり、そして少しずつ強度を上げていくのを常に忘れないように。ワークアウトやドリルに苦労しているなら、無理はしないこと！　**怪我は単なるつまずきではなく、技術的な欠点を修正し、ペース配分を調整し、よりよいランナーになるためのチャンスであることを憶えておこう。**

第4章

限界まで挑む

Take It to the Limit

大きなサル、小さなサル

自分に必要なトレーニングの見極め方

ワークアウトのメニューづくりは、いつも難しい。個人的なものであるはずなのに、〝普遍的真実〟とされる一定の原則が常にベースになるという矛盾がある。結局のところ、体の声に耳を傾け、いつでも自分にとってのベストを知ることは、本人にかかっている。確かに、常に正解を出せるわけではないが、この章を読めばその確率が上がり、正しい判断の助けになるはずだ。

１９２０年代の終わりからほぼ50年にわたって、私の祖国である旧ソ連では、科学者のチームが哺乳類の自発的エネルギー活動に関する画期的研究を行っていた。ここではそれを「大きなサル、小さなサル」と呼ぼう。その研究では、サルは動きまわったり、登ったり、さまざまな活動や行動ができる大きな檻に入れられた。サルたちの動きは数値化され、グラフにまとめられた。個々のサルの通常の活動に関して基本データが集まるにつれて、ほかのサルよりも活動量の多いサルがいることがわかった。つづいて実験の第二段階では、同じサルたちが、今度は身動きのできない制約された檻に半日入れられた。そして、それから半日は、大きな檻に戻された。すると、すべてのサルが24時間の通常の基本活動量（多いか、中程度か、少ないかにかかわらず）に達するように後半の半日で埋め合わせをすることがわかった。個々の活動量の持ち分を減らしたり追加したりしたさらなる実験でも、同じような結果になった。たとえば、あるサルに週の前半で通常の活動をさせないと、そのサルは週の後半で活動量を増やし、結果的に、週の活動量はそのサルのいつもの１週間の基本エネルギー消費量と同等になった。また、１週間の自発的活動量を超える基準値の２倍にまでサルの活動を意図的に増やすと、反対のことが起きた。サルはその翌週、活動を減らしたのだ。前の週の「過大な負荷」を埋め合わせるためのサルなりの休暇というわけだ。

この実験は当然ながら、人間のスポーツトレーニングにとって大きな意味があった。**トレーニングプログラムをつくるときには、自分がエネルギーの大きなサルか、平均的なサルか、小さなサルかを知ることが絶対に必要になる。**これは体の大きさとは関係ない。筋骨隆々のアスリートのほうがエネルギーの小さなサルになりやすいかもしれないし、針金のような引き締まった平均的身長のアスリートのほうが結果的にエネルギーの大きなサルかもしれない。

私は大学院の博士課程在籍中、走り高跳びの世界記録保持者でオリンピック金メダリストだったワレリー・ブルメルを教えたソ連の名コーチ、ウラジーミル・ジャチコフに師事していた。そのため、ブルメルが自身のすべての世界記録を樹立した１９６０年から１９６４年のあいだのトレーニング日誌を入手することができた。

その日誌を見た私は、ブルメル自身は「小さなサル」だったが、それは彼の輝かしい成績に影響を及ぼしていないことを知った。大発見だったのは、ブルメルが週に３日から４日の練習量を5日から6日に増やしたところ、体調も成績も落ちていたことだった。

そこから時代を下って、アメリカの偉大な運動生理学者のひとり、デイヴィッド・コスティルの革新的な研究を見てみよう。彼の研究は、最大酸素摂取量（活動のために効率よく酸素を摂取する能力）はトレーニング初期の時点と比べて10から15パーセントしか改善できないことを明らかにした。しかも、そのレベルに達するまでには12週間ほどかかり、その後はトレーニングを継続しても頭打ちになるという。つまり、最大酸素摂取量のピークだ。**練習量を増やしてもトレーニングの強度を上げても、持って生まれた限界値を超えて最大酸素摂取量を上げることはできない。**

となると問題は、自分がどのタイプのサルかをどうやって知るかだ。**どこに当てはまるかの判断は、ほぼ試行錯誤を重ねるしかない。自分の体と心がどう感じているかをよく知る必要がある。**トレーニングを遺伝的素因に見合ったものにしなければ、その結果は説明のつかないフラストレーションや、目に見えて落ち込んだタイムとしてランニング日誌にあらわれることになるだろう。そしておそらく、トレーニング過多になり、そこから引き返す必要が出てくる。一方、自分は人口の5パーセント程度のうちのひとり、大量のトレーニングを1日も欠かせない人間ではないかと感じているなら、トレーニングの強度を一段階上げてみよう。それで気分がよくなれば、たぶんあなたはエネルギーの大きなサルだ。

自分のトレーニングの傾向がつかめたら、いよいよプログラムのつくり方を学んでいこう。基本的な検討要素は4つある。**量、強度、種類、休息**だ。

・**量**――週に何キロ走るのか？　何日トレーニングするのか？　その運動水準を何週間維持するのか？　身体活動は――バスケットボールのリーグでプレイするのも、ウエイトを挙げるのも、週に一度バイクエクササイズするのも――すべて当てはまるものとする。

・**強度**――どのくらいの速度で走るのか？　自分の最高速度にどれだけ近い速度で走るのか？　全力疾走は高強度、スロージョグなら低強度のワークアウトになる。

・**種類**――どのくらいの頻度でワークアウトに変化をつけるのか？　毎日同じことをするのか？　毎日変えるのか？　希望の目標に合わせて意図的に変えるのか？　行き当たりばったりではなく、あらかじめ計画しておくべき。

・**休息**――基本的に休息は、ただ回復のための休みを意味する。トレーニング過多を回避するための手段だ。種類と同様、あらかじめ計画すること。

この４つの要素はオーケストラのように一体となって働く。うまくハーモニーを奏でてもらうための一般的なガイドラインを紹介しよう。

まず、**量と強度を一緒に増やすべきではない。**トレーニング過多につながってしまう。両方を常に同時に増やすプログラムを行っていると、いずれ体を壊すことになる。こうしたストレスには長期間、対処することはできない。

また、トレーニング期間が１週間か、１カ月か、３カ月、半年、１年かにかかわらず、その期間全体にわたって、**内容に目的を持って変化をつけること。**どんなふうにその年の計画を立てるかは、それぞれの目標や体力、ピークに持っていきたいレース、取り組みたい距離によって決まる。

1週間の期間で見てみよう。たとえば月曜日はスピードワークで、これは高強度。水曜日は距離をこなす低強度の日にする。そして土曜日はトレイルか砂浜を走る。これが数ある1週間のメニューの一例になるだろう。もっと長期的に見ると、週に3日スピードワークに専念する4週間のトレーニングというのもあるだろう。これはすべてのワークアウトがスピード重視になる。すべては目的次第だ。

次に休息だが、これは全体像のなかの重要な部分ととらえよう。プロのアスリートにはオフシーズンがあるが、市民ランナーの多くは一年中無理をしてしまう。毎年、まとまった期間の休みをとる必要がある。ここでは休息の概念のなかでも「移行」という言葉に登場してもらおう。**移行とは、パフォーマンスを次のレベルに上げられるように体に回復の機会を与えること**を意味する。移行期が3週間から4週間になる場合もある。だからといって、家でぼうっとテレビを観ていろというのではない。ワークアウトを切り替えて、精神的にも自分に休みを与えるということだ。1カ月間ヨガをしてもいいし、前からじっくり読みたいと思っていた本を読みながらフィットネスバイクをこいでもいい。そこから何か受け取るメッセージもあるかもしれない。この移行期の終わりが近づいたら、次のトレーニングサイクルの計画を練りはじめよう。

ここで紹介したのは基本的なツールだ。こうした概念を活用する手段として、自分の理想とする１年間のトレーニングを、１カ月の移行期も含めて大まかに描いてみよう。

またこの原則を判断材料とすれば、あなたがこれから始めようとしている本や雑誌やインターネットのプログラムを評価することもできる。

ともあれ、自分がどのタイプのサルか考慮に入れるのを忘れないようにしよう。

目的別トレーニングプログラム

5キロ、10キロ、ハーフマラソン、マラソン

トレーニングとは一見、走力を新たなレベルに引き上げるための単純なワークアウト・スケジュールのように思えるかもしれない。確かにそのとおりだが、自信と感覚を養うためのものでもある。トレーニングプログラムによって、少しずつ着実に自信をつけることができる。**トレーニングとは、心と体が負荷にどう対処するかを発見するプロセスだ。よく考えられたプログラムでトレーニングを積めば、自分の疲労の限界を認識し、集中力を高め、マイナス思考を食い止められるようになる。**

どんなトレーニングプログラムも、中心には「メジャラブル」がある。メジャラブルとは、進歩を記録し、方法を評価し、トレーニング過多を防ぐのに使われるデータのことだ。ワークアウトで走った速度や、速度別の走行距離、全体としての走行距離などを記録する。

これから説明するプログラムは、どれも週に最低3回はトレーニングすることが必要になる。トレーニングセッションは、準備運動、メインのワークアウト、筋力トレーニングの3つのパートから成り、もちろん、ランニング日誌は常にアップデートしておかなければならない。

毎週、さまざまなタイムや距離のメニューが組まれ、スピードワークも含まれる。

速度をさまざまに変えるトレーニングは、体の主なエネルギーシステムすべてに働きかける。ギアをすべて使ってトレーニングすることで、最適性能を出すためのアスリートとしてのエンジンが整備、調節されるのだ。目標を達成するにはそのほうが、毎週のプログラムにただ距離を追加していくよりも重要になる。１週間で１６０キロ走っても、マラソンでピークの走りをする準備ができたことにはならない。むしろマラソンで悲惨な思いをするか怪我をする可能性が高い。

研究によれば、長距離を走るトレーニングはある一点を超えると、限られた生理的効果しかないという。最初にそのことを確認したのは、フィットネス界のパイオニアである運動生理学者のケネス・クーパー博士だった。私は彼の研究結果と30年にわたる自らの研究をもとに、レース距離ごとの生理的基礎をつくるためのプログラムを考案した。このプログラムでは、不必要に体を消耗させる余計な長距離トレーニングは行わない。**長距離トレーニングの唯一の利点は精神的なものだ。長いレースを完走できると信じられるようになる。**そうして何度か長いレースを走りきれば自信になり、自己記録を出すことに力を入れられるかもしれない。

プログラム（２８４〜２８５ページ）の最初の4週間のブロックは、５キロのレースに向けたものだ。以降、各ブロックは前のブロックをもとにマラソンまで徐々に強化されていく。こんなふうに利用する。たとえば5キロのレースに出たければ、最初の4週間のメニューをこなす。10キロなら、次の4週間に進む。さらに長いレースにはこの流れがなおも続く。ハーフマラソンには次の4週間に進んで（12週間のトレーニングプログラム）、マラソンに出るにはさらに最後の4週間まで続ける（トレーニング期間が合計16週間になる）。

もしスケジュールに従うのが嫌いで即興でやりたいなら、その即興から最大限の効果を得られるよう、簡単なガイドラインを3つ紹介しておこう。

1 **距離の日**――この日はトレーニングのなかの最長距離（もしくは最長時間）を走る。気持ちのいいペースで走り、楽しむこと。

2 **インターバルの日**――気持ちのいいペースで走り、その後、気が向いたらペースを上げ、息が切れたら回復するまでまた気持ちのいいペースに戻す。これを一度の走りで3回から5回繰り返す。この日は距離の日ほど長くは走らない。

3 **スプリントワーク**――この日はランのどこかでスプリントワークを行う。短いジョギングワークアウト（気持ちのいいペースで10分から15分のジョグ）の前か、途中か、最後か、いずれでもかまわない。完全に回復するほど休まず、自分を追い込む。40メートルほどの全力疾走を最高10回まで行う。この日は合計でインターバルの日ほど長い時間は走らない。

ワークアウトの総量は目指しているレースの距離に合わせて調整しなければならない。また、即興でトレーニングするにしても、毎日行うのは控えるようにすること。

レース：5キロ、10キロ、ハーフマラソン、マラソン

次のトレーニングプログラムでは、週に3日以上走る必要がある。もちろん、ほとんどの人は、トレーニングの日数を増やしてもそれを維持できるだけのエネルギーを持ち合わせているので、1週間のスケジュールにはさらにランニングやクロストレーニング（複数の種目の運動を取り入れる練習法）を1日か2日追加するものとする。ただし、ランニングを追加する場合は軽いランにすること。スプリントや、ファルトレク（速いペースと遅いペースを繰り返して持久力を養う練習法）やテンポ走は行わない。

そして何より、これまでプログラムのすべての段階で行ってきたように、**準備運動と筋力トレーニングを忠実に行わなければならない。**これからはかなりの距離を走ることになるので、このルーティンがますます重要になる。同じことはランニング日誌にも言える。距離が増えれば、技術の欠陥が怪我につながる可能性が高まる。ワークアウトを文書で記録しておけば、手に負えなくなる前に問題を見つけられる。疲れてきたときこそ、技術には特に気を配らなければならない。**ランニング日誌は、無意識のうちにたびたび起こっていることを意識的に探り出す手段だ。技術の問題は気づかなければ直しようがない。**

ビデオ撮影についても同じだ。このプログラムは、すべての要素が一緒になってひとつの統合システムとして機能する。トレーニングプログラム全体を通じて引きつづき自分のフォーム

を定期的にビデオに撮るようにしよう。スケジュール表の*印は撮影に最適なタイミングを示している。

トレーニングスケジュールの活用法

レースに向けたトレーニングプログラムは、ここまでの10レッスンと9週間のランニングサーキットを終えたあと、トレーニングを次の段階に進めることを目的としている。基本的なガイドラインは次のとおり。

・1週目のワークアウトがきつすぎる場合は、楽に走れるタイムと距離から始めて、徐々にプログラムの目標に近づける。
・スピードの日のワークアウトがきつすぎる場合は、ランのあいだの休憩を長めにとるか、各ランの回数を減らす。一般的にランとランのあいだは90秒、もしくは息が整うまで休む。
・ややこしい端数を避けて数字を簡単にしておくため、距離はマイルとキロメートルが混在している。
・プログラムは中堅のランナー向けにつくられている。それ以外は初心者から上級者まで、それぞれのレベルのプログラムをposemethod.com/runningrevolutionから自由にダウンロードできる。また将来的には、カスタムプログラムの提供も予定している。

量より質が常に優先されることを忘れないようにしよう。新しい技術の習得には、細心の注意を払う必要がある。**すべては、本書の冒頭で触れたのと同じ目標「もっと速く、長く、ずっと怪我なく走ること」を達成するためのものである。**

＊印はビデオ撮影のタイミング

目的別トレーニングプログラム				
レース	**週**	**1日目**	**2日目**	**3日目**
5km、10km、ハーフマラソン、マラソン	1＊	5マイル（47分〜50分） 200m×5（48秒〜51秒）	1km（4分35秒〜4分54秒） 800m×5（4分06秒〜4分22秒） 400m（1分40秒〜1分46秒）	2km（9分23秒〜10分00秒）
	2	10km（56分40秒〜60分00秒） 200m×5（48秒〜50秒）	400m（1分40秒〜1分46秒） 10分間の軽いジョグ 1km×2（4分35秒〜4分54秒） 600m×2（2分40秒〜2分46秒）	30分間の軽いジョグ 3km×2（14分06秒〜15分05秒）
	3＊	10km（56分40秒〜60分00秒） 200m×5（48秒〜50秒）	400m（1分40秒〜1分46秒） 10分間の軽いジョグ 1km×2（4分35秒〜4分54秒） 600m×2（2分40秒〜2分46秒）	30分間の軽いジョグ 3km（13分40秒〜14分38秒） 2km（8分53秒〜9分30秒）
	4	30分間の軽いジョグ	20分間の軽いジョグ 200m×5（48秒〜50秒）	**5kmレース**
10km、ハーフマラソン、マラソン	5＊	2km（9分58秒〜10分45秒） 1km（4分47秒〜5分06秒） 600m（2分50秒〜3分02秒） 400m（1分39秒〜1分46秒）	10マイル（1時間43分〜1時間48分） 200m×5（49秒〜50秒）	10km（53分20秒〜57分00秒）
	6	2km×2（9分23秒〜10分00秒） 1km×2（4分40秒〜4分58秒） 600m（2分40秒〜2分51秒） 400m（1分34秒〜1分40秒）	ハーフマラソン（2時間09分〜2時間16分） 200m×5（48秒〜50秒）	10km（51分20秒〜54分45秒）
	7	2km（9分10秒〜9分48秒） 1km（4分20秒〜4分38秒）	8マイル（1時間22分〜1時間26分） 200m×3（47秒〜50秒）	10km（50分14秒〜53分36秒）
	8	600m×2（2分50秒〜3分00秒） 400m×2（1分36秒〜1分42秒）	5分間の軽いジョグ 200m×5（47秒〜50秒）	**10kmレース**

レース	週	1日目	2日目	3日目
ハーフマラソン、マラソン	9＊	1マイル（7分50秒〜8分36秒）　800m（4分16秒〜4分32秒）　600m（2分51秒〜3分03秒）	400m×2（1分45秒〜1分52秒）　5km（27分16秒〜29分10秒）	10マイル（1時間29分〜1時間31分）200m×5（47秒〜51秒）
	10	1マイル×2（7分46秒〜8分18秒）800m×2（4分17秒〜4分22秒）	5km×2（27分16秒〜29分10秒）400m×2（1分40秒〜1分46秒）	ハーフマラソン（1時間54分〜2時間00分）　200m×5（47秒〜51秒）
	11＊	1マイル（7分10秒〜7分38秒）　800m（3分51秒〜4分07秒）　600m（2分36秒〜2分47秒）	5km（25分39秒〜27分23秒）　400m×3（1分34秒〜1分40秒）	10マイル（1時間27分〜1時間29分）200m×5（46秒〜48秒）
	12	600m×2（2分50秒〜3分00秒）　400m×2（1分36秒〜1分42秒）	5分間の軽いジョグ　200m×5（47秒〜50秒）	**ハーフマラソン**
マラソン	13＊	10km（56分〜60分）	2km×2（9分58秒〜10分42秒）　600m（2分46秒〜2分58秒）　400m（1分46秒〜1分50秒）	ハーフマラソン（2時間〜2時間06分）200m×5（48秒〜50秒）
	14	2時間の軽いラン3km×2（15分06秒〜16分03秒）	10km（53分20秒〜57分00秒）600m（2分46秒〜2分58秒）　400m（1分40秒〜1分46秒）	ハーフマラソン（1時間57分〜2時間03分）　200m×5（48秒〜50秒）
	15	1時間の軽いラン2km（9分23秒〜10分00秒）　600m（2分36秒〜2分47秒）	1時間の軽いラン600m（2分52秒〜3分08秒）　400m（1分43秒〜1分50秒）	10マイル（1時間29分〜1時間33分）200m×5（47秒〜49秒）
	16	10km（1時間00分〜1時間04分）	200m×5（楽なペース）	**マラソン**

※1マイル＝約1.6km

生涯走る

健康を維持する、楽しむ、自己ベストを狙う

ついにここまでプログラムをやり遂げたわけで、ひょっとするとあなたはもう何度かレースにも出ているかもしれない。だが、これはまだ最初の一歩でしかない。ランニングの細かなニュアンスやランニングがもたらす恩恵は、生涯スポーツで知られるゴルフやテニスと同じぐらい複雑だからだ。ゴルファーが寝食を惜しんでスイングに取り組み、それでもなおコースに出れば調子のいい日も悪い日もあるように、あなたも常に自分のフォームを評価しては修正しながら、楽々と走れる日を楽しみ、試練の日を耐えてがんばっていくことになる。大切なのは、**いまのあなたには生涯走りつづけるツールと技術がある**ということだ。走ることが好きなら、可能な限り最高のランナーになるのはどうだろうか?

そこで、**次の目標を設定しつづけていこう。**先月10キロのレースで自己ベストを達成したなら、次はマラソンのトレーニングを考えてみよう。とはいえ、やはり**少しずつ強化していくのを忘れないこと。**一度に過剰な負荷をかけすぎないように、常に1週目に戻ってトレーニングを始めよう。トレーニングを積めば積むほどスプリントとインターバルのスピードは明らかに

向上するが、**主観的運動強度（本人の心理的尺度による運動のきつさ）は一定に保つ必要がある。**

準備運動と筋力トレーニングを続けることが絶対に欠かせない。映像でフォームを分析し、ランニング日誌を詳細につけつづけることが不可欠なのと同じことだ。のちのち日誌の観察内容を振り返り、長いランニング人生のなかで運動や回復や技術改良のパターンがどんなふうに浮かび上がってくるのかを目にするのはきっと楽しいだろう。今日も、来年も、10年後も、あなたは常に知覚を磨き、何度でもあの完璧なフォームに到達しようと努力しつづけるマインドフルなランナーだ。

ポイント早見一覧

よいランニング技術のルール

1 股関節（体の重心）を体の支点（足の指球部）の上で動かすことによる自由落下。
2 肩、股関節、足首をポーズの正しいアライメントに保つ。
3 膝は常に曲げておく。伸ばしきらないこと。
4 体重は足の指球部にかけておく。
5 支持足は素早く交替する。
6 足首は股関節の下でまっすぐ地面から引き上げる。
7 支持の時間を短くする。
8 地面を押しやったり腿上げをしたりして、重力を利用せずに太腿の筋肉や大腿四頭筋を使って前進しようとしない。
9 かかとで着地したり支持中にかかとに体重をかけたりしない。かかとは地面に軽く触れるだけとする。
10 支持足のかかとが地面を離れたときに前傾（フォール）が始まる。
11 遊足が支持脚の膝を通過したときに前傾が終わる。
12 歩幅や可動域を広げてスピードを上げようとしない。

13 着地にばかり注目しない。足の引き上げ（プル）に集中する。
14 脚は力を使わず筋活動なしに着地させる。
15 足はニュートラルポジションを保つ。
16 腕は脚とのバランスをとる役目をする。

よくあるランニングの間違い

1 かかとから着地する。
2 体の前で着地する（オーバーストライド）。
3 足を地面から離すのにハムストリングスではなく大腿四頭筋を使う（地面を押しやる）。
4 つま先を股関節（体の重心）の前について着地する。
5 足先から接地にいかない（いわゆる「底屈」しない）。
6 フォアフットで積極的に着地する。
7 主要な仕事をしていない部位の筋肉が緊張しすぎる。
8 足の引き上げが遅れる。
9 肩が硬直していて抜重できていない。
10 腕を勢いよく振る。
11 間違った考えのせいで自分に適切な命令を出していない。
12 間違ったイメージのせいで適切な技術を思い浮かべることができない。

アメリカ陸軍のタイム予測

私は以前、アメリカ陸軍のために次のようなトレーニング評価を策定した。兵士それぞれのレースの距離別タイム予測を簡単に示すためのものだ。これと同じ評価システムがあなたにも役立つはずだ。まず、４００メートルをトップスピードで走り、タイムを計測する。ひとつだけ、手短に注意をしておこう。これは単なるテストだ。９週間のサーキットトレーニングで基礎体力はついているだろうが、このテストで自分を追い込む際には用心するのに越したことはなく、常識を働かせること。トップスピードといっても安全と感じられる速さでなければならないし、テストの終わりに卒倒しかけるようであってはならない。また、くれぐれもきちんと準備運動をすること。**４００メートルのタイムは次の表の距離別レースタイムを予測する基準になる。このテストが自分の現在地を把握し、現実的な目標を設定する助けになる。**

■400m のタイムとその他レース距離との相関表

マラソン	2:30.0	2:45.0	3:00.0	3:15.0	3:30.0
400m	56.0–59.0	61.0–64.0	1:07.0– 1:10.0	1:13.0– 1:16.0	1:18.0– 1:21.0

ハーフマラソン	1:20.0	1:30.0	1:40.0	1:50.0	2:00.0
400m	60.0–63.0	1:07.0– 1:10.0	1:15.0– 1:18.0	1:22.0– 1:25.0	1:30.0– 1:33.0

10km	35:00	40:00	45:00	50:00	55:00
400m	1:02.0– 1:05.0	1:10.0– 1:13.0	1:19.0– 1:22.0	1:27.0– 1:30.0	1:36.0– 1:39.0

5km	18:00	21:00	24:00	27:00	30:00
400m	1:03.0– 1:06.0	1:13.0– 1:16.0	1:24.0– 1:27.0	1:34.0– 1:37.0	1:45.0– 1:48.0

ランニング・ポーズ	フォール	腿上げ	地面を押しやる	プル
最適なバランス	より速く走る	速度が落ちる	エネルギーの無駄遣い	より長く走る

ランニング・ポーズ	フォール	腿上げ	地面を押しやる	プル
不変の要素 ・フォアフットからポーズへの移行は体を前進させるのに最も効率的 ・回転によって加速が促進 ・頭から肩、股関節、足までのバランスの取れたアライメント ・弾性：体のS字カーブ	**不変の要素** ・前傾の度合いで走る速度が決まる ・ポーズの姿勢で前傾するのが最も効率的な加速法 ・腕振りは前進に直接の貢献はしない	・股関節屈筋の利用を重視しすぎ ・遊脚の前進を補うために体の重心を減速させてしまう	・地面は主に垂直方向にしか押せず、垂直振動は増えても水平移動にはほとんどつながらない ・足首は体のなかで最も動きの遅い関節で、重さは体重のわずか2% にすぎない	**不変の要素** ・筋・腱弾性を活かすには、ランナーはケイデンスを平均15回転上げなければならない ・力学的効率が上がればランニングエコノミーが向上する可能性がある ・足を引き上げる動作の振幅は前傾角度で決まる

ランニングフォームに関するポイント早わかり図解

走り方の分析

かかと着地	ミッドフット着地	フォアフット着地	パウイング
関節が衝撃を吸収	膝への過剰な負担	関節の負担が最小	物理的に不可能
・足首、膝、股関節がロックされる ・一歩ごとに最大で体重の3倍の衝撃を吸収する ・支持時間が最長 ・サピネーションとプロネーション	・ブレーキ作用：毎度体の前で着地する ・膝にテコの作用：過剰な負担が生じる ・フラットフット着地：常に再現するのは難しい ・足のアーチで着地するのは解剖学的に不可能	・関節がロックされていない：衝撃の力を再分配 ・ブレーキ作用と関節の負担が最小 ・支持時間が最短 ・弾性が最大	・体重が足のうしろ ・体の回転運動を生むには人間には筋力が足りない ・体重を利用できないと筋肉が働かない

4. ポーズのアライメント	5. フォール期	6. プルまでのフレーム数
ランニング・ポーズのアライメントは完全な垂直に近い	垂直の状態から遊足が支持脚の膝を通過するまで前傾する	ランニング・ポーズから足の引き上げが始まるまでにかかるのは1フレーム

ランニングフォームに関するポイント早わかり図解

ランニングの6点分析

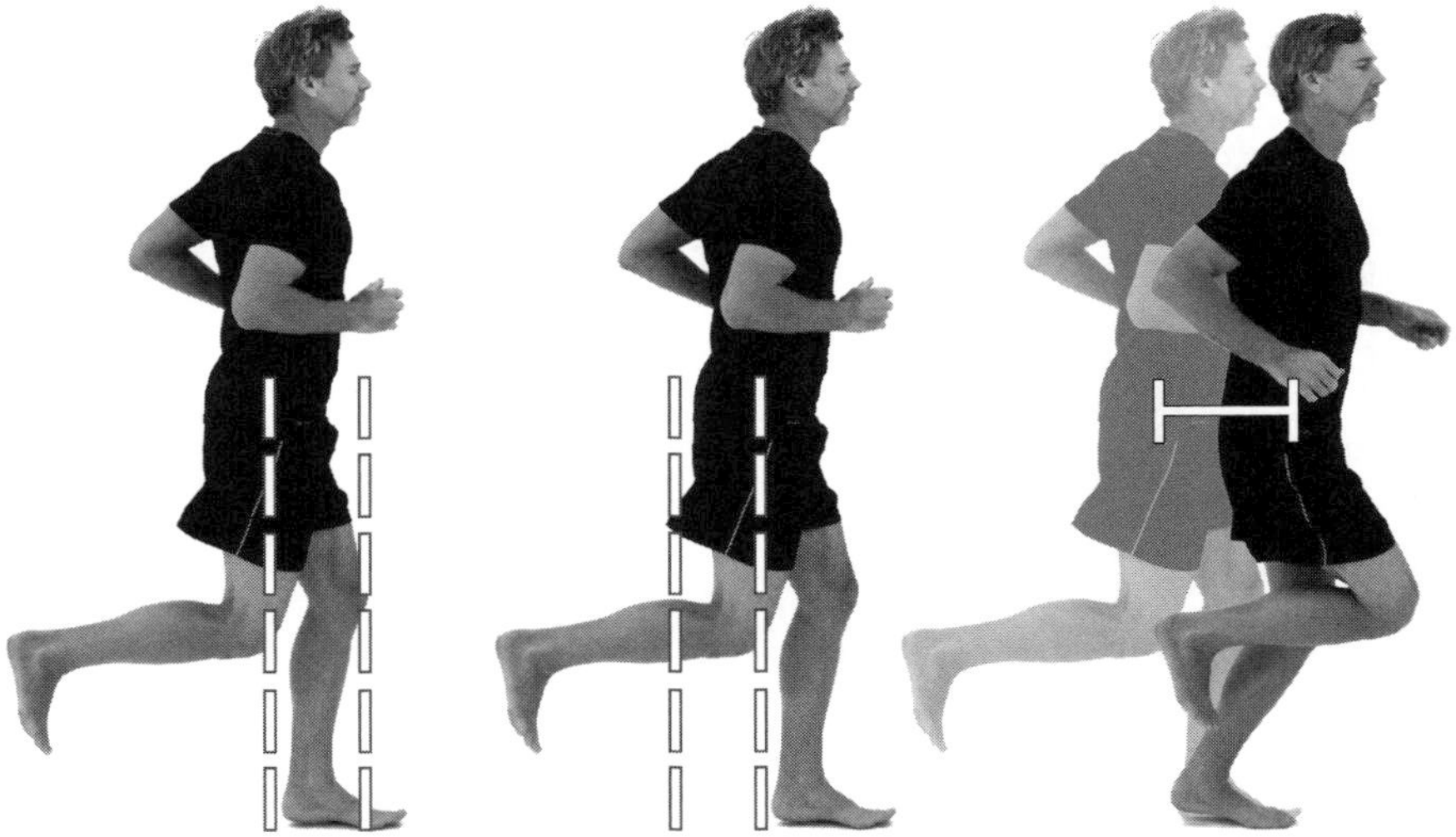

1. 初期接地	2. うしろ脚の距離	3. ポーズまでのフレーム数
できるだけ体の真下近くにサピネーション気味に足が接地	うしろ脚は初期接地した体のわずか後方	体がランニング・ポーズに達するまでにかかるのは1フレーム

ウォーキング

一方の支持足が常に地面に接していると定義される。

S字カーブ

体が走行時にとるのがこの形。ランニング中、体は関節を完全に伸ばさず、S字バネのような姿勢（俊足で知られる動物たちのような姿勢）を維持して、筋・腱弾性と幾何拘束を最大限に活用する。

オーバーストライド

典型的なのは、足が股関節の下ではなく体の前に着地すること。

幾何拘束

関節が完全伸展に近づくと動きを遅くするという体の生まれ持った防御機構。体は（過伸展のような）怪我を防ぐために幾何拘束を行う。トップランナーの映像を見ると、彼らが走行中に脚を伸ばしきっていないのがわかる。完全伸展するとスピードが落ちて怪我のリスクが高まるだけ。

ケイデンス

決まった時間内（通常は1分当たり）の脚の回転数。

地面反力（GRF）

足が地面と接触したときに発生する。足が地面と接触すると、その衝撃で地面が同じ力で押し返してくる。これはニュートンの第三法則――すべての作用にはそれと同じ大きさで逆向きの反作用がある――の一例。GRFが前進させてくれるわけではない。単なる反作用にすぎない。これについては科学界で合意が形成されている。

重心

体の重心は、体の各部位に作用する重力の合力の作用点。この重心は、活動によっても変わる。だが実用的な定義として、弾力姿勢で立っているときの体の重心はへその5センチほど下になる。

重力

重力は地球上のあらゆる人、あらゆる物体に同じように影響を及ぼす。そして動き方、走り方にも影響する。最適な走り方はひとつしかなく、それは重力という恵みを利用することだ。重力をうまく活かすには、股関節を支持足の前に出して重力の風をとらえ、体を前に推進させること。

ステップ

一方の足が接地してもう一方の足が接地するまでの間隔（一歩の間隔）。

ストライド

一方の足が接地して同じ足が次に接地するまでの間隔（二歩の間隔）。

ストライド長

一方の足の支持から次の着地までの距離（二歩分の距離）。

前傾角度

速度は前傾角度と関係している。たとえば、ストレッチに使われるあの長いフォームローラーを立てて指先に乗せ、バランスを取っているとしよう。ローラーが前に倒れかけたら、手をその真下に動かしてローラーをまっすぐに戻そうとする。ローラーがさらに倒れれば倒れるほど（極端に角度がつくほど）手を真下に持っていってまっすぐに戻すのが難しくなる。そしてある角度を超えると手が間に合わなくなり、ローラーは落下する。ランニングも同じだ。体が前に倒れるほど遊脚を素早く運んでランニング・ポーズの姿勢で体を受け止めなければならない。人が走るときには、フォームローラーのように上から下まで均一に倒れるわけではない。股関節、すなわち体の重心から倒れる。上半身はまっすぐ立ったままで傾かない。これは自分で経験したほうが理解できる概念だ。

体重

質量を持つ物体を地面に引き寄せる重力の現れ。体重は支持と直接関連している。体重をどうかけているかは足裏のどこに最も圧を感じるかで判断する。たとえば足裏の指球部に最も圧を感じるなら、そこに体重がかかっている。かかとにいちばん強く圧を感じるなら、かかとに体重をかけているということ。

弾力姿勢

動きに備えて構える姿勢のこと。足の指球部に乗り、正しいポーズのアライメントをとっている状態。詳細については30ページを参照のこと。本書の運動やレッスンを始める前にこの姿勢に慣れておく必要がある。

着地（接触と支持）

ポーズ・メソッドでは、股関節の下に指球部で着地する。接地は素早く静かに。股関節のかなり前にかかとから足をつく着地は避ける。ただし、かかとを地面にまったくつけるなということではない。軽くキスをする程度には地面に触れるべき。着地に関していちばん憶えておくべきは、体重の大半を足の指球部に乗せること。

トルク

物体に働く力の回転効果。ランナーの場合、下向きに引っ張る重力が力で、ランナーの重心が支持脚を中心に前方に回転し、ランナーを前進させる。

飛行期

走行中、両足が地面から離れているときに生じる。従来の用語では回復期とも呼ばれている。

プル（足の引き上げ）の振幅

走るときに引いた足をどこまでお尻に近づけるか。これは走る速さに関連している。速く走るほど引き上げの振幅は大きくなる（かかとがお尻に近づく）。遅くなるほど振幅は小さくなる（かかとがお尻から遠くなる）。ジョグではかかとは膝より上にもいかない。

ポーズのアライメント

足の指球部から股関節、肩、耳にかけての支持線。前傾の位置エネルギーを活用し、重力を利用し、筋・腱弾性を活かすには、このアライメントが不可欠となる。

ポーズのコア

体の重心を中心として広がるのがコア、もしくはパワーセンターで、ピラーストレングス、あるいはパワーハウスとも呼ばれる。いまやさまざまな名称があるため、混乱しがちかもしれない。コアは単なる腹筋のことではない。腹筋、背筋、殿筋。それに股関節、腰、肩甲帯、脊柱のことだ。一方、ポーズのコアは一般的なコアとは少し違う。ランニングに関わるので全脊柱が含まれる。

ランニングに関するコアを体に四角で描くなら、お尻の下から肩までになる。当然、その上には頭が乗っている。ランニングの力と動きは体のアライメントが一直線になっているときに最も効率よく移動する。筋肉が弱い、あるいは関節の可動性や安定性に問題があるせいで、この一直線からズレる連動性の低いところがあると、走りはあまり効率的にならない。

遊脚

飛行期に支持脚を通過する空中の脚。支持脚を通過したあとは着地して次の支持脚になる。

ランニングは、足の運びのある時点で両足が地面から離れていなければならない。そうでない場合はウォーキングになる。

ランニングの筋・腱弾性

筋と腱の弾性は、体がランニングの衝撃に対処してマイナスをプラスに変える仕組みだ。足が地面に接触すると、筋肉と腱は伸びて衝撃を吸収する。そして縮んで、吸収したエネルギーをランニングの動きへと戻し、体重が支持脚から離れる。わかりやすいのが弓と矢のたとえだ。弓の弦を引くのは筋肉を伸ばして負荷をかけるようなもの。弦を放す（矢を飛ばす）のは腱が縮んで足の運びにエネルギーを戻すようなものだ。

さらに正確に説明すれば、これは筋・腱弾性系と呼ばれ、緩衝装置とその付属品のように、腱と靭帯が含まれる。そしてシステム全体でエネルギーの貯蔵と放出を行う。

筋・腱弾性系は、運動科学の世界では「伸張・短縮サイクル」とも呼ばれている。これが効果的に使われると、ランニングのエネルギーコストは半分に抑えることができる。つまり、あまりに強引な走り方をしなければ、少ないエネルギーでより高いパフォーマンスが発揮できることになる。

著者

ニコラス・ロマノフ　Nicholas Romanov

二度にわたって五輪のコーチを務め、40年以上のキャリアを持つスポーツ科学者。アメリカ、カナダ、イギリス、南アフリカ、ニュージーランドなど、世界各地で調査・研究を行ってきた。走り高跳びの元選手で、国内記録を保持していたこともある。1970年代にポーズ・メソッドを考案し、スポーツ技術指導者の認定と育成のため、1990年代にロマノフ・アカデミーを設立。現在、ポーズ・メソッドの認定を受けた技術スペシャリストは世界中で数千人にのぼる。この数十年、ポーズ・メソッドは米軍などの大きな組織やクロスフィット、さらにはイギリス、アメリカ、ロシアのナショナル・トライアスロンチームなどで制度的に活用されている。またロマノフ博士は理学療法士や足専門治療医、整形外科医などの医療専門家とも連携。研究やプロスポーツ組織へのコンサルティング、講演活動のため、世界各地を飛びまわる。マイアミ在住。

カート・ブランガート　Kurt Brungardt

20年近くスポーツとフィットネスの分野で活躍。ベストセラー『強く美しい腹筋をつくる：これがメジャーのボディメイキング！』(著者名はブルンガート表記／BABジャパン出版局）や『The Complete Book of Core Training』など、これまでにフィットネスとスポーツトレーニングに関する著書を多数執筆。雑誌への寄稿も多く、SLAMonline（スラム・オンライン）のスポーツドキュメンタリー・シリーズ『Undrafted』の生みの親でもある。またエクササイズビデオの製作および監督でもあり、ビルボードトップ10入りを果たした『Abs of Steel for Men』と、元NBAチャンピオンでオールスターにも選出されたショーン・エリオットがホストを務める子ども向けワークアウトビデオ『Action Sports Camp』は特に有名。ニューヨーク在住。

翻訳

露久保由美子（つゆくぼ・ゆみこ）

翻訳家。主な訳書に、コスキー＆グルセヴィッチ『太陽系観光旅行読本』（原書房）、ディヴァイン『「無敵の心」のつくり方』（クロスメディア・パブリッシング）、ハッチンソン『限界は何が決めるのか？　持久系アスリートのための耐久力（エンデュアランス）の科学』（TAC出版）などがある。

装幀・本文デザイン／八木麻祐子、石垣由梨（Isshiki）
DTP オペレーション／戸塚みゆき（Isshiki）
本文イラスト／株式会社 BACKBONEWORKS
カバー写真／ iStock

翻訳協力／株式会社リベル

編集協力／田村理恵
編集／滝川昂（株式会社カンゼン）

ランニング革命

もっと速く、長く、ずっと怪我なく走るための方法

発行日
2020 年 7 月 9 日　初版

著　者
ニコラス・ロマノフ／カート・ブランガート
翻　訳
露久保 由美子
発行人
坪井 義哉
発行所
株式会社カンゼン
〒101-0021　東京都千代田区外神田 2-7-1 開花ビル
TEL 03(5295)7723　　FAX 03(5295)7725
http://www.kanzen.jp/
郵便為替 00150-7-130339
印刷・製本
株式会社シナノ

*

ISBN 978-4-86255-565-6
Printed in Japan
定価はカバーに表示してあります。

ご意見、ご感想に関しましては、kanso@kanzen.jp まで E メールにてお寄せ下さい。お待ちしております。